눈물은 말라도 그리움은 마르질 않아

우리 내면의 불길에 대한 이야기

　이야기가 마음을 다스리는 용도라면 그 이야기는 그대로 마음으로 남는다. 때로 그 마음은 슬픔과 기쁨, 즐거움과 서러움, 어떤 회한이 되어서는, 말하는 이의 목구멍에서 폭발하여 한 인간의 자리를 모두 태워버리기도 한다. 우리는 그런 류의 재난을 자주 목격한다. 어떤 시간이 모든 것을 태워버린 곳에서 피어오르는 몇 줄 연기로부터 녹음에 가려졌던 이 세계의 앙상한 전모가 뜨겁게 드러나는 광경 말이다. 여기 있는 이 이야기들이 그렇다. 말하자면 우리 내면의 불길에 대한 이야기. 마치 긴 시간의 기름 속에 꽂힌 심지처럼 그 불은 검은 바닥을 보여주지 않는다. 우리는 그 불을 끄지도 않을 것이며 끌 생각도 없다. 그 마음의 타오름. 그것이 이쪽과 동시에 저쪽을 여는 환한 문이기 때문이다. 과거와 미래, 삶과 죽음, 그리고 한 인생에서 다른 인생으로 활짝 열리는 문 말이다.

신용목
시인, 조선대학교 문예창작학과 교수

생의 시간을 지나오며 둥글어진 마음

휴가차 몽돌해변에 간 적이 있습니다. 고운 모래밭이 아니라 둥근 자갈돌들이어서 맨발로 걷다 보면 발바닥이 욱신거리기도 하지만 나름 재미있는 경험이었습니다. 둥글고 매끄러운 작은 자갈돌을 보며 궁금함이 드는 건 얼마나 많은 시간을 보내며 저렇게 둥글어졌을까 입니다. 사람의 시간보다 훨씬 긴 시간을 보내며 둥글어졌겠지요. 만약 저 돌에게도 영혼과 감각이 있다면 얼마나 아팠을까요. 폭풍우에 거침없이 쏟아지는 시냇물을 지나 도도한 강물을 거치며 다른 돌들과 부대끼며 제 몸이 깎여 나가는 것도 모르고 흘러왔을 것만 같습니다. 사람도 어린 시절엔 잘 모르고 지나가지만 삶을 살아가다 보면 누구나 아프고 모나고 날카롭거나 힘들었던 순간들이 있게 마련입니다. 그런 시간들을 지나며 얼마나 둥글고 너그러워졌는가가 작은 자갈돌이 사람에게 주는 의미 아닐까 생각합니다. 저도 교수이자 작가로서 전국의 시장에서 장사를 하시는 분들의 이야기를 취재하고 글과 그림으로 월간지에 연재한 적이

있습니다. 당시 든 생각은 모든 이는 저마다의 드라마를
가지고 있다는 것입니다. 특히 연세가 많을수록 더 많은
드라마를 갖고 계십니다. 희로애락마저도 마침내 둥글둥글
둥글어지는 드라마. 이 책에 실린 어르신들의 이야기 속에는
생의 시간을 지나오시며 둥글어진 마음이 전해집니다.
그래서인지 둥근 모양을 떠올리면 기분이 좋아집니다. 둥근
밥, 둥근 빵, 둥근 말, 둥근 달, 둥근 미소, 둥근 생각, 둥근
마음. 이번 동구 어르신들의 소중한 이야기에 부족한 저희
제자들이 그림으로 함께할 수 있어 기쁩니다. 특히 어르신
자서전 사업을 기획한 광주광역시 동구청 관계자 여러분과
용기 있게 펜을 드신 어르신 그리고 참여하신 모든 분께 큰
박수를 보냅니다. 부디 여러분의 마음이 더욱 둥글어지고
부드러워지는 시간이 되셨길 바랍니다.

황중환
조선대학교 미술체육대학 만화애니메이션학과 교수(만화가)

차례

추천사 • 4

김성태 이야기 • 11

김운수 이야기 • 45

고순희 이야기 • 75

신중식 이야기 • 119

 김성호 이야기 • 161

 안종우 이야기 • 201

 김홍기 이야기 • 235

글쓰기 멘토 후기 • 281

김성태 金聖泰 이야기

나는 1955년 12월 16일에 전라남도 나주시 남평읍에서 태어났습니다.

건강원을 운영하고 문중의 일을 하며 친구들과 교유하는 등 즐겁게 살고 있습니다.

가족에게 보내는 한마디
성실하고 겸손하게 살자.

내 인생의 키워드
성실, 겸손, 끈기

유년 시절의 기억들

나는 1955년 12월 16일 나주에서 김해김씨 안경공파 집안의 장남으로 태어났다. 선고께서는 이십오 세 때 군대에서 중사로 복무하고 계셨고, 모친은 이십이 세의 서산유씨 댁 규수로 대촌면 압촌리에 살고 계셨다. 당대 문화가 그랬듯 두 분은 맞선 없이 매파의 중매만 거쳐 곧장 결혼하셨다. 아버지 대신 당숙모님들이 어머니와 간선하고 돌아오셨다. 복명을 받은 친조모께서 혼인을 허락하셨고, 이후 부모님은 춘삼월에 혼례를 치르셨다고 한다.

내가 태어난 후, 나를 극진히 돌봐 주던 할머니는 내 나이 여섯일 때 돌아가셨다. 이후 나는 농사일로 바쁜 어머니 대신 동생들을 돌보며 자랐고, 앰한나이 아홉 살에 남평동초등학교에 입학했다. 학교에 가려면 재를 넘어 삼 킬로미터쯤 걸어가야 했다. 갓 초등학교에 입학한 아이에게는 상당히 버거운 거리였다. 육 년 동안 그런 길로 성실히 등하교하며 학교를 졸업했으니, 스스로 대견하다고 아니할 수 없다.

그러나 학교생활이 순탄하지만은 않았다. 나는 입학식 날부터 철봉에 매달려 놀다가 발을 헛디디는 바람에 발목을 접질렸다. 도저히 걸을 수 없을 정도로 통증이 심각했다. 다행히 6학년 형들이 나를 업어서 집에 데려다주었지만, 발목이 도무지 낫지 않아 한동안 등교할 수 없었다. 여러 병원을 찾아다니고 민간약을 써 봐도 모두 헛일이었다. 심지어는 개똥을 발목에 묻힌 채 광목을 두르기도 했는데, 더럽고 냄새나는 데다가 발목이 가려워서 정말 견디기 힘들었다. 하지만 얼른 낫고 싶어서 그런 비과학적인 민간요법도 마다하지 않았다.

아버지가 나를 자전거에 태워서 데려간 어느 병원에서는 발목을 절단해야 한다는 말을 들었다. 왕진을 나가서 자리에 없는 의사 대신 조수가 내린 진단이었다. 그때 나는 울면서 아버지께 애원했다. "아버지, 다리 자르기 싫어요……." 아버지의 눈에도 눈물이 고였다. 어느 아버지가 자식을 장애자로 만들고 싶겠는가? 일단 아버지와 나는 집으로 돌아왔다. 한데 그날부터 신기하게도 내 다리의 부기가 빠지기 시작하더니, 일주일이 지나자 힘이 솟았다. 나는 발목에 힘을 주고 서 봤다. 설 수 있었다. 이번엔 걸어 봤다. 걸을 수도 있었다. 어찌나 신기한지 뛸 듯이 기뻤다.

나는 회복하자마자 어머니와 함께 학교에 갔다. 다친 지 사 개월 만이었다. 입학식 때만 등교했기 때문에 나는 반 배정도 받지 못했다. 뒤늦게 배정받아 들어간 2반 교실은 낯선 얼굴로 가득했다. 또한 교과서가 없어서 수업을 듣기 어려웠고, 담임 선생님의 책을 빌려 봐도 글을 읽을 수 없었다. 나보다 사 개월 먼저 수업을 들은 학생들은 책을 잘도 읽었다. 나는 담임 선생님의 책을 집으로 가져와서

김성태

어머니의 도움을 받으며 이를 악물고 공부했다.

달포 후에 받은 1학기 통신표에는 성적이 '미', '양', '가'로 적혀 있었다. 학교에 거의 출석하지 못하고 시험도 못 치렀으니 당연한 결과였다. 나는 여름방학 동안 열심히 공부했고, 마침내 2학기에는 모든 과목에서 '수'를 받았다.

통신표와 우등상을 받아 들고 단숨에 재를 넘어 집으로 오는 길, 아버지가 길목의 양지에서 동네 친구들과 함께 나를 기다리고 계셨다. 나는 들고 있던 통지표와 우등상을 자랑스럽게 내밀었다. 아버지는 별반 놀라지도 않고 시큰둥하게 말씀하셨다. "잘했구나." 오히려 아버지의 친구분이 내 통지표를 자세히 보고는, "성태가 아주 잘했구나!"하며 크게 칭찬하셨다. 아버지는 언제나 자식 칭찬에 매우 인색한 분이셨다.

2학년 때는 담임 선생님이 세 번이나 바뀌었다. 2학년의 막바지에 고씨 선생님과 지계수 선생님에 이어서 박출규 선생님이 담임으로 오셨다. 박출규 선생님은 양성소에서 6개월 동안 교육받은 교사들과 달리, 정규 대학 출신으로 교수법이 뛰어나셨다. 나는 3학년 때도 박출규 선생님에게 지도받으며 늘 1등을 유지했다. 3학년 말에 '수'로 가득한 통지표와 우등상을 들고 집에 가니, 어머니가 담임 선생님께 갖다 드리라며 씨암탉 한 마리를 대나무로 엮은 사과 광주리에 넣어 주셨다. 나는 추운 날씨를

김성태

© 전승연

뚫고 고개를 넘어 학교 관사에 있는 선생님께 씨암탉을 드리고 돌아왔다. 4학년이 되어서도 박출규 선생님과 함께하게 되었다. 선생님은 나를 서중학교에 보내겠다고 다짐하셨지만, 이후 고등학교로 발령받아 떠나셨다. 서운함을 느끼는 사람은 나뿐만이 아니었는지 울면서 선생님을 환송하는 학생들이 많았다.

박출규 선생님의 뒤를 이어서 내가 속한 반을 맡은 최 선생님은 교사 양성소 출신으로 축구를 매우 잘하셨다. 틈만 나면 고교 시절 축구 선수로 활동하며 전국을 다녔던 이야기를 하는 분이셨다. 그러나 우리 학교에서는 배구가 더 인기를 끌었다. 봄철의 토요일이면 남평면의 3개교가 맞붙는 친선 배구 대회가 열렸다. 그때마다 스파이크의 명수이던 김수광 선생님이 돋보였다. 김수광 선생님은 키가 크고 미남이셔서 여자 선생님들에게 인기가 많았다. 나도 배구를 잘해서 김수광 선생님과 같은 인기를 누리고 싶다고 생각했다.

그즈음 마을에 특이한 일이 있었다. 어느 날 밤, 잠에서 깬 나는 주위를 둘러보다 어머니가 안 계신다는 것을 깨달았다. 어디 가셨을까 싶어서 밖으로 나가 보니 이웃집이 소란스러웠다. 남포등이 켜져 주변이 환한 가운데 장구와 징, 피리젓대 소리가 들려왔다. 어머니도 동리 사람들과 함께 그곳에 계셨다. 모두 씻김굿을 구경하고 있었다.

　친구 외삼촌의 혼이 신접한 동네 아낙이 쌀통에 꽂힌 대나무를 붙잡고 울면서 하소연하고 있었다. 친구의 외삼촌은 6·25전쟁 때 죽었는데, 피난하는 사람들을 따라 도망치다가 행군재에서 경찰이 쏜 총에 맞았다고 했다. 신접한 아낙은 한동안 원통하다며 절규하더니, 동네에서 살다 죽은 어느 처자와 혼인시켜 달라고 부탁했다. 그래서 얼마 후 마을에서 영혼결혼식이 진행되었다. 마을 사람들은 짚으로 만든 남녀 인형에 색동옷을 입힌 다음, 작은방에 두 인형을 각각 뉘어 놓았다. 다음 날, 어떤 이가 아침에 작은방을 들여다보니 떨어져 있던 두 인형이 서로 붙어 있었다는 이야기를 전했다. 그렇게 영혼결혼식을 치른 신랑과 신부의 가정은 서로 사돈이라고 부르며 가깝게 지냈다. 참으로 신기한 일이었다.

　5학년 때는 오르간을 잘 연주해서 학생들에게 인기가 좋았던 서광일 선생님이 내 담임이셨다. 서광일 선생님은 사범 학교 출신의 총각이었는데, 남평 읍내에서 학교까지 자전거로 8킬로를 달려서 통근하셨다. 요즘으로 따지면 외제 승용차만큼 귀했던 선생님의 삼천리 자전거를 깨끗이 닦아서 환심을 사려는 학생들도 있었다.
　그해 여름에 나는 죽을 위기를 간신히 넘겼다. 비가 억수로 쏟아지던 날이었다. 나는 친구들과 함께 홍수가

난 송학천을 건너려다가 발을 헛디뎠다. 중심을 잃고 물에 빠지는 바람에 꼭 죽는 줄로만 알았다. 입으로 들어오는 강물을 어쩔 도리 없이 마시며 어딘가로 떠내려가고 있었다. 그때였다. 누군가 나를 번쩍 들어 올렸다. 강의 하류에서 멱을 감던 여섯 살 많은 육촌 형님이 나를 살려 준 것이었다.

   난관을 지나서 어렵게 맞이한 초등학교에서의 마지막 일 년은 사범 학교 출신의 유 선생님의 지도를 받으며 공부에 열중했다. 그리고 나는 가을에 열린 학력 경시 대회에 학교 대표 5명 중 한 명으로 참가했다. 나주 관내의 39개 초등학교에서 우수한 학생들을 뽑아 학력을 겨루는 대회였다. 약 200여 명의 학생이 학교의 명예를 걸고 시험을 치렀다.
   확실히 본교의 시험과는 수준이 달랐다. 같은 학교 학생들과 답안을 채점해 보니 나는 비교적 잘 본 편이었다. 선생님은 시험을 마친 학생들을 남평의 한식집으로 데려가셨다. 나는 그곳에서 육회비빔밥을 처음 먹어 봤는데, 지금도 잊지 못할 정도로 꿀맛이었다.
   6학년 2학기부터는 중학교 입시 공부가 시작되었다. 학교에서는 반별로 열 명씩 우등생을 뽑아서 방과 후에 따로 공부시켰다. 그 공부란 모의고사를 보고 채점하고 오답을 바로잡는 과정을 반복하는 것이었다. 나는 모의고사를 보면 200문제 중 서너 문제를 틀렸다. 그런데 담임 선생님은 얼마나 엄격하신지 내가 평소보다 한두 문제만 더 틀려도 불같이 화를 내셨다. 나는 모르는 문제는 아예 답을 쓰지 않는 성격이었는데, 그 점이 더욱 선생님을 화나게 했다. 선생님은 답을 찍기라도 하지 왜 공란으로 남겨 두냐며 나를 혼내셨다.

그런데 내가 계속 습관적으로 빈칸으로 내자 선생님은 매를 드셨다. 나는 교탁 앞에 엎드린 채로 연신 매를 맞았다. 선생님은 매가 부러지자 신고 있던 고무 슬리퍼를 들고 나를 때리셨다. 머리는 물론이고 목과 어깨 등 맞지 않은 곳이 없었다. 결국 나는 오줌을 지리며 혼절하고 말았다. 요즘 같으면 폭력 교사로 소문나서 징계받고 학부모에게 멱살을 잡힐 일이지만, 나는 당시에 스스로 맞을 짓을 했다고 생각해서 선생님을 전혀 원망하지 않았다. 집에 가서도 부모님께 말 한마디 하지 않았다.

이듬해 1월, 나는 광주 명문 중학교의 입시에서 낙방하고 말았다. 하늘이 무너지는 듯했다.

삶과 추억의 터전 드들강

나는 남평중학교에 입학해 즐거운 삼 년을 보냈다. 그곳에서의 아름다운 추억에는 드들강의 지분이 크다.

나는 삼 년 내내 자전거를 타고 드들강변을 따라 육 킬로미터가 넘는 거리를 오갔다. 비포장도로여도 페달을 밟으며 달리는 것만으로 기분이 좋았다. 여름철의 하굣길에는 잠시 자전거를 세우고 강에서 멱을 감거나 호기롭게 헤엄쳐서 도강하기도 했다. 때로는 농사용 전마선을 타고 놀았고, 동네 형이 가지고 있던 목선을 타고 노를 저어서 이 킬로미터쯤 순항하기도 했다.

지석산에 올라서 보는 드들강의 경관은 특히 빼어났다. 강변의 모습이 아름답고 물도 깨끗했다. 드들강을 유영하는 잉어 떼가 보일 정도였다. 갈매바위 밑으로 강물이 감돌며 형성된 소(沼)는 매우 푸르고 깊었는데, 사람들은 그곳이 명주실 한 꾸러미가 들어갈 정도로 깊다고 말했다.

강에는 항상 다슬기와 재첩을 채취하는 아낙이 서너 명 있었다. 그들은 걸캥이(양쪽 끝에 손잡이가 달린 그물)로 강바닥을 긁어내는 식으로 작업했다. 나는 특별히 잠수를 잘해서 드들강 바닥에 박혀 있는 '귀이빨대칭이'를 20여 미 정도 뽑아서 집으로 가져가고는 했다. 그 조개를 넣어 끓인 된장국은 우리 마을만의 단백질 공급원이자 별미 중의 별미였다. 어부였던 강영훈 형은 강에 삼각망을 놓고 이튿날 아침에 건져 올려서 잉어, 누치, 메기, 쏘가리, 가물치나 자라 등을 잡았다.

드들강은 바닷고기가 서식한다는 소문이 있을 만큼

풍요롭고, 피서지로도 호남에서 제일가는 곳이었다. 여름철이면 광주는 물론 전라도 각지에서 피서객이 몰려들었는데, 그 모습이 흡사 파시(波市)가 열린 듯했다. 사람이 많으니 이동파출소가 생기고, 유람선이 뜨고, 근처 송림에는 장사꾼들이 자리를 잡아서 그야말로 장관이 연출되었다.

그러나 드들강이 노하면 홍수 피해가 엄청났다. 상류가 있는 화순과 다도 등지의 지류에서 쏟아져 내려오는 수량(水量)은 어마어마했고, 강이 범람하면 온 들녘이 물에 잠겨 바다를 방불케 했다. 갈매기 떼마저 바다로 착각하고 먼 목포의 앞바다에서 날아올 정도였다.

드들강에 빠져서 죽는 사람이 해마다 서너 명은 있었다. 사람들은 드들강의 원혼이 잡아가는 거라고 말했다. 그래서인지 사람이 죽으면 종종 무당이 혼건지기굿을 했다. 한번은 굿을 하던 중 강을 따라서 강바닥을 긁어낼 때 쓰는 대나무 조리가 올라왔는데, 머리카락 같은 게 걸려 있었다. 유가족들이 그걸 보며 울음을 터뜨렸다.

내가 한창 중학교에 다닐 때인 1970년쯤에도 큰일이 있었다. 승선 인원을 초과한 유람선이 도강하던 중 침몰하여 15명이 익사했다. 나는 하굣길에 강둑을 따라서 열다섯 구의 시신이 즐비해 있는 처참한 모습을 목격했다. 수심은 불과 2미터 정도였지만, 고인들은 겁에 질려서 우왕좌왕하다가 빠져나오지 못한 모양이었다. 나는 그

일로 인생이 그토록 허망하게 끝날 수도 있다는 걸 알게 되었다.

중학교에서의 생활을 정리하자면, 초등학교와 달리 과목별로 다양한 선생님의 수업을 들을 수 있어서 좋았다. 특히 박영재 선생님이 가르치시는 사회 과목 수업이 나를 즐겁게 했다. 박영재 선생님은 태권도도 가르쳐 주셨는데, 그 덕에 나는 상당한 자신감을 얻었다. 이재경 선생님은 옛이야기를 많이 들려주셨다. 권직이라는 조선 선비의 기지에 대한 이야기, 구봉 송익필이 임진왜란 때 활약한 이야기, 또한 '용단호장(龍短虎長)'이라는 글귀에 대구를 맞춰 보라는 청나라 사신의 요구에 '화원서방(畫圓書方)'이라고 답하여 만인의 존경을 받은 노사 기정진의 이야기가 지금도 기억에 뚜렷이 남아 있다. 신형식 선생님의 농업 과목에서 배운 과수 작목 재배법은 평생 자산이 되었다. 나는 열심히 공부하며 장학금을 받았고, 반장을 연임했다.

나는 여러 학우와 즐거운 추억도 쌓았다. 죽림사의 골짜기로 소풍을 갔을 때는 동네에서 보기 힘든 민물 게를 잡으며 놀았다. 또 남평역 부근에 사는 아이들이 가져온 '못 칼'을 보며 신기해했던 기억도 있다. '못 칼'은 압착되어 납작해진 못이었다. 아이들은 '못 칼'을 만들기 위해 철길에 못을 놓고 열차가 지나가기를 기다리곤 했다.

특히 기억에 남아 있는 학우들이 있다. 배우처럼 아름다워서 내가 짝사랑했던 여학생은 한 학년 위의 선배였다. 나는 글씨를 잘 써서 어디서든 기록하는 일을 도맡아 했는데, 어느 날 그 누나가 다가와서 "성태는 글씨도 잘 쓰는구나."라고 말하는 바람에 내 가슴이 터질 뻔했다. 현재 그 누나는 재일교포와 결혼해서 일본에 살고 있다고 하니 다시 만나지 못할 것 같아 아쉬움이 크다. 또 규호라는 친구가 기억난다. 규호의 아버지가 빵 공장을 운영하셨기 때문이다. 그 공장에서 만드는 크림빵이 어찌나 맛있던지, 나는 규호가 그렇게 부러웠다.

중학교 졸업을 앞두고 있던 나는 중학교 입시에 이어 광주의 명문 고등학교 입시도 떨어지고 말았다. 내게 도무지 시험 운이라고는 없었던 것인지, 아니면 입시 공부를 게을리했기 때문인지는 모르겠다. 나는 다른 학교의 장학생으로 입학했다.

고등학교에 다니는 동안 광주시 학동에 있는 고모 댁에서 지냈다. 광주에서 부유한 편이었던 고모의 집은 마당과 정원까지 갖춰진 곳이었다. 그곳에서의 삶은 내 인생의 전환점이 되었다. 나는 서가에 꽂혀 있던 한국 근대 문학 전집과 고전 문학 전집, 세계 문학 전집 등을 1년 만에 모조리 읽었다. 톨스토이의 『전쟁과 평화』를 위시해 도스토옙스키, 헤르만 헤세, 발자크와 스탕달, 셰익스피어

등 유명한 해외 작가들의 책을 300여 권은 읽지 않았나 싶다.

소설에 심취해서 학교 공부에 소홀하니 자연스럽게 성적이 떨어졌다. 1학년 겨울 방학이 되었을 때, 시골집으로 내 성적표가 우송되어 오자 우편을 확인한 부모님은 장학생으로 입학했던 내가 낮은 성적을 받은 것을 보시고 적잖이 실망하셨다. 나는 고생하고 계시는 부모님께 면목이 없어서, 앞으로는 학교 공부에 충실하겠다고 다짐했다.

그런데 나는 2학년이 되어서도 문학에 빠져서 헤어 나오지 못했다. 서가의 책들을 다 읽고 나니 도서관의 책들이 나를 기다리고 있었다. 나는 중간고사나 기말고사 등 시험을 앞두고도 문학을 읽는 데에 몰두했다. 게다가 주말이면 영화 음악과 팝송에 빠져 살았다. 전축에 비틀스나 존 덴버, 클리프 리처드의 노래가 수록된 엘피판을 걸어 두고 음악을 감상했다. 나는 이러면 안 된다고 생각하면서도 또다시 마약에 빠지듯 음악과 문학을 즐겼다. 나름 『정통종합영어』와 『수학의 정석』을 공부했지만, 공부에 전념하는 친구들에 비해서 실력이 뒤질 수밖에 없었다.

고등학교 3학년이 되어서야 나는 정신을 차리고 공부에 매진했지만, 이미 때는 지나 있었다. 결국 대학교 입시에 낙방하고 말았다. 시간은 사람을 기다리지 않고 속절없이 흘러가 버린다는 것, 입시 공부에 나중은 없다는 것을 나는 뒤늦게 깨달았다. 또한 매번 시험의 고비를 넘지 못하고 낙방의 고배를 마시는 자신을 원망했다. 최선을 다하여 독하게 공부하지 못하고 게으르고 안이하게 행동한 탓이었다. 누구를 원망할 수도 없었다. 그러나 지나간 일을 어찌할 것인가? 후회하고 통탄해도 소용없었다.

나의 무전여행기

기나긴 공부 이야기로 접어들기 전, 평생 잊을 수 없는 무전여행에 대해 잠깐 말해 보려 한다. 고등학교 2학년 여름방학 때였다. 나는 혁화라는 친구와 배낭을 메고 광주역에서 부산으로 향하는 완행열차에 탑승했다. 우리는 먼저 보성과 순천, 진주를 지나 마산역에서 내렸고, 진해를 한 바퀴 돈 뒤에 다시 마산역으로 돌아왔다. 이미 시간이 늦은 탓에 역에서 하룻밤을 보내야 했다. 우리는 대합실에서 배낭을 베고 잠을 청했다.

그런데 누군가 배낭을 뒤지고 있는 듯한 느낌이 들어서 나는 잠에서 깨어났다. 배낭의 작은 주머니를 확인해 보니 내 휴대용 니콘 카메라가 사라져 있었다. 나는 급히 주변에 머무르던 사람들을 탐문했다. 그러자 어떤 이가 말하기를 젊은 놈들이 내 쪽으로 다가가서 배낭을 뒤지고 역구내로 사라졌다고 했다. 역 주변을 배회하는 불량배들 같아

보였다는 말도 덧붙였다. 나는 친구와 함께 즉시 중앙동의 파출소로 갔다. 파출소에는 순경 둘과 방범대원 세 명이 야간 근무를 서고 있었다. 우리가 피해 사실을 신고하자 그들은 즉시 역구내를 샅샅이 뒤졌고, 이내 열차 객실 칸에 숨어 있는 범인들을 찾아냈다. 다행히 카메라를 돌려받을 수 있었다. 범인들이 필름을 버린 탓에 그동안 찍은 사진들을 잃었지만, 카메라를 찾은 것만으로도 다행이었다.

  사건이 해결되고 나서 우리는 파출소로 되돌아갔다. 그곳에서 만난 동향 사람 덕분에 우리는 편안한 곳에서 하룻밤을 보낼 수 있었는데, 그 동향 사람은 수고하는 순경과 방범대원들을 위문하여 음식과 술을 대접하던 여인들 가운데 한 명이었다. 파출소에서 우리를 본 여인들은 어디서 왔느냐고 물었다. 우리는 광주에서 왔다고 말했다. 여인들이 광주 어디서 왔느냐고 다시 물어서 나와 혁화는 각각 학동과 양동에서 왔다고 대답했다. 그러자 어떤 여인이 자기도 양동이 친정이라고 하면서 반겨 주었다. 여인들은 우리를 데리고 어느 가게로 가서 잘 곳을 제공했고, 이튿날 음식도 대접해 주었다. 고향 까마귀만 봐도 반갑다더니, 우리는 고향 사람의 덕을 톡톡히 봤다.

  우리는 다시 부산을 향해 떠났다. 열차를 타고 부산진역에서 내리니 곧 널찍한 부산항의 모습이 보였다. 우리는 근처에서 99원짜리 냉면을 사 먹고 송도와 영도대교를 거쳐 해운대에 도착했다. 해운대해수욕장은

김성태

ⓒ 전승연

국제적으로 유명한 해수욕장답게 그야말로 인산인해였다. 피서객이 하도 많아서 발 디딜 틈조차 없었다.

나는 해수욕장에서 어느 여학생에게 말을 걸었다. 그녀는 부산에서 여고에 다니는 2학년 양현숙이라고 했다. 나는 그날 그녀와 바다에서 파도를 타고 수영하며 친해졌고, 헤어지기 전에는 주소를 교환해 펜팔 친구가 되었다. 그녀와의 펜팔은 오랫동안 유지되었다. 그녀는 꼭 항공 봉투를 사용했기 때문에 나는 주소를 확인하기도 전에 그녀가 보낸 편지를 알아볼 수 있었다.

이후 친구와 나는 해운대를 떠나서 불국사로 향했다. 어찌어찌 배반동에 도착하긴 했는데, 이미 새벽이었던 데다 불국사까지의 거리도 꽤 멀었다. 길을 걷다가 몹시 피곤해져서, 우리 근처 정자에 누워 잠을 청했다. 아침에 눈을 뜨니 정자 아래쪽에 흐르는 개울가에서 어떤 누나가 빨래하고 있었다. 우리는 그 누나에게 다가가서 무전여행 중인데 배가 고프다고 말했다. 그러자 그 누나는 우리를 집에 데려가서 아침을 차려 주었다. 우리는 이름도 성도 모르는 그 누나 덕분에 배를 채우고 불국사에 도착했다. 석가탑과 다보탑을 구경하고 토함산에 올라서 석굴암도 봤다. 우여곡절이 많았지만, 여러 사람의 도움을 받아 가며 성공적으로 여행을 마칠 수 있었다.

지난한 수학(修學)의 과정

다시 입시에 실패한 때로 돌아와서, 나는 재수를 결심하고 남평으로 낙향했다. 학원에 다니지 않고 오로지 자습만으로 명문 대학교에 진학하고자 했다. 그런데 이번에는 야학에 빠지고 말았다. 당시 시골에는 가난 때문에 초등학교만 졸업한 청소년이 수십 명은 되었다. 나는 그들이 안쓰럽고 짠해서 동네 서당에 야학을 만들어 운영했다. 그들을 가르치는 데에 정성을 쏟다 보니 대입 공부는 뒷전이 되었다. 공부하려는 학생들의 눈빛을 보면 손을 뗄 수가 없었다.

또 나는 후배 녀석과 함께 '사에이치운동(4-H Club)'에 심취했다. 나는 농사에 필요한 능력을 키우며 통일벼 다수확 재배 부문 등 여러 경진 대회에서 상을 받았다. 본말이 전도된 것이었다. 학창 시절 동안 낙방의 고배를 세 차례나 마셨으면서도 또 학업이 아닌 다른 것에 몰두해 버렸다. 나는 한탄했다. 이렇게 의지와 집념이 부족하니 어찌 성공의 길을 갈 수 있을까! 내 인생길에 중요하지 않은 것에는 어찌 그리 잘 빠질까! 나에게는 절박함이 없는 것이다. 몇 번씩 실패하고도 각심하지 못한 나는 나약하고 어리석은 놈이다…….

나는 '사에이치운동'에 빠져 사느라 체력장 원서 마감을 놓치는 바람에 삼수의 길을 선택했다. 이번에도 실패하면 정말 큰일이라고 생각하며 공부에 열중했다. 그런데 가을의 어느 날 나는 또 위기를 맞았다. 갑자기 배가 아프기 시작하더니 식은땀이 나고 통증이 심해졌다. 평생 겪어 본 적 없는 고통이었다. 나는 배를 움켜쥐고 온 방 안을 데굴데굴 굴렀다. 들에 다녀온 어머니가 그런 나를 보고는 병원에 가라고 하셨다.

    나는 주섬주섬 옷을 챙겨 입고 집에서 600미터 거리에 있는 광탄교의 버스 정류장으로 갔다. 그러나 아무리 기다려도 버스는 오지 않았다. 아무 차라도 잡아서 타야겠다는 심정으로 남평 쪽으로 1킬로쯤 더 걸어가는데 하늘이 노랗게 보였다. 이윽고 나는 석탄을 싣고 영산포로 향하는 트럭에 잡아탔고, 남평읍에 내려서 광주로 가는 버스에 올랐다. 대인동의 시외버스 터미널에 도착하니 이미 캄캄한 밤이 되어 있었다.

    근처에 '민의원'이라는 네온 간판을 보고 들어서니 크레졸 냄새가 진동했다. 나는 간호사의 안내를 받아 침상에 누웠다. 나를 진찰한 의사는 급성 맹장염으로 보이지만, 여기서 수술할 수 없으니 전남대학교 병원으로 가라고 했다. 나는 초인적인 인내로 통증을 견디면서 또 걷기 시작했다. 걷는 도중에 고등학교 동창인 동범이란 친구에게 연락했다. 동범의 자형이 전남대학교 병원의 의사였기 때문이다. 나는 마침내 전남대학교 병원에 도착했고, 동범 자형의 집도 아래 응급 수술을 받았다.
    마취에서 깨어나 보니 나는 응급실 침대에 누워 있었다. 사지가 묶여 있고, 성기와 연결된 호스로 오줌이 흘러나가고 있었다. 붕대로 감긴 배에서 묵직한 통증이 느껴졌다. 내가 산소통을 손가락으로 툭 치자 간호사가 다가와서 수술이 성공적으로 끝났다고 말했다. 내가 시간을 묻자 간호사는 새벽 한 시라고 알려 주었다.
    병원에 입원해서 지내는 동안 고향에서 소식을 들은 아버지가 문병을 오셨다. 아버지는 누워 있는 내게 괜찮으냐고 묻고는 창가로 가셨다. 뒷모습만 봐도 아버지의 눈가에 이슬이 맺힌 것을 나는 알 수 있었다. 아버지는 신기한 이야기를 해 주셨다. 공교롭게 아버지도 내 나이와 같은 스물두 살 때 맹장염으로 수술받으셨다고 했다. 나는 일주일 동안 입원 생활을 하다가 수술의 경과가 좋아서 퇴원했다. 그사이 병원의 간호사들과 정이 들었는지, 퇴원하는 게 조금 서운했다. 나는 다시 고향으로 돌아왔다. 수술 때문에 또 한 번의 대학 입시가 물 건너가고 있었다.

    나는 이번이 정말 마지막이라고 생각하며 사수(四修)에 돌입했다. 이미 병무청에서 실시한 징집 검사에 통과해서 다음 기회를 노릴 수도 없었다.
    독하게 마음먹고 공부하던 중 가을이 되었다. 어느

날 초등학교 동창인 녀석이 찾아와서 추석 때 동창회를 갖자고 말했다. 나는 대입을 준비하느라 참석할 수 없다고 했다. 그러자 녀석은 6학년 때 전교 회장을 한 내가 동창회를 주선해야 옳다며 뜻을 굽히지 않았다. 나는 어쩔 수 없이 팔을 걷어붙였다. 친구와 함께 자전거를 타고 다니면서 방(榜)을 붙였고, 어쩌다 동창들을 만나면 주막에서 막걸리를 마시고 돌아오기도 했다.

  동창회가 열린 날은 추석 전날의 밤이었다. 서울 등 객지로 나가 있던 친구들까지 돌아와서 성대한 밤잔치를 함께했다. 오랜만에 서로의 얼굴을 본 남녀 동창들은 소식을 나누고, 술도 마시고, 게임도 하며 시간을 보냈다. 그런데 갑자기 처음 보는 장정 대여섯 명이 밖에서 우리를 불렀다. 그들은 여자 동창들을 밖으로 내보내라고 했다. 우리와 함께 있는 여자 동창들이 자신들의 친구이며 오늘 밤 함께 놀기로 했다는 것이었다. 그들은 싫다고 거절하는 여자 동창들을 막무가내로 끌어내려고 했다. 나를 포함한 남자 동창들은 참지 못하고 뛰어들었고, 결국 패싸움이 벌어졌다. 곧 경찰이 출동했다. 우리는 가해자가 되어서 나주경찰서에 구금되고 말았다. 오랜 입시 생활은 그렇게 마무리되었다.

김성태

40년 전, 상록센터 부근에서

반려자를 만나다

1981년, 고향에서 가을 농사를 끝내고 광주로 올라온 나는 농성동의 끝자락에서 도회 생활을 시작했다. 내가 살았던 곳은 광주광천초등학교 부근으로, 조그만 한옥에 딸린 방이었다. 나는 그곳에서 고등학교 2학년인 남동생, 광천공단의 공장에 취직한 여동생과 함께 셋이 지냈다.

나는 국내 유수의 시사 월간지 회사에 신입사원으로 입사했지만, 얼마 다니지 못하고 그만뒀다. 회사에 다니는 동안은 맡은 일에 최선을 다했다. 구독자를 모집하기 위해 친구와 선배, 친척 등 여러 지인을 만났고, 광주의 지식인들을 만나며 식견을 넓히기도 했다. 덕분에 나는 많은 구독자를 확보하고 실력을 인정받았다. 그러나 지사장과 생긴 갈등을 극복하지 못했다. 직장 생활에서는 내 자존심을 죽이고 참아야 하는 건데, 나는 그렇게 하지 못했다.

주말이면 인근 교회에 다니는 게 내 삶의 최고의 낙이자 보람이었다. 교회의 젊은 목사님과 대화하던 중 뜻이 맞아서 등록한 것이었다. 지어진 지 얼마 되지 않은 작은 교회였다. 나는 고향과 서울에서도 교회에 다녔던 경험이 있어서 교회 생활에 쉽게 적응했다.

당시 광천공단에 다니는 남자들과 전남방직·대성타올에

다니는 여자들이 교회의 주 구성원이었다. 모두 성실하고 교회 생활에도 충실한 이들이었다. 나는 그들과 토요일마다 성경을 공부하고 찬양을 연습했다. 때로는 야외로 소풍을 나가서 즐겁게 지냈다. 물론 그런 생활도 행복했지만, 무엇보다 교회가 좋았던 이유는 따로 있었다. 교회에 내 마음에 쏙 드는 여자가 한 명 있었다. 그녀는 누구보다 예쁘고 도도했다. 공무원이라는 그녀는 예배를 드릴 때면 언제나 맨 앞줄 왼쪽에 앉았는데, 이따금 그녀가 보이지 않으면 무슨 일이 있나 싶어서 걱정되었다. 나는 그녀와 사귀고 싶었지만, 쉽게 용기가 나지 않고 기회도 마땅치 않았다.

　이듬해 봄, 나는 국문학을 공부한 전력으로 교회 창립 주일에 발간될 교지의 편집장을 맡았다. 그 교지를 위해 간증문이나 기도문, 수필, 시 등 다양한 성도들의 글을 모으고 있었다. 그러던 어느 토요일, 피곤해서 낮잠을 자고 일어났는데, 누군가 문밖에서 인기척을 냈다. 문을 열고 나가 보니 바로 그녀가 서 있었다. 얼마나 반가웠는지 모른다. 우리는 마루에 앉아서 맥심 커피를 한 잔씩 마시며 이야기를 시작했다. 나는 그녀와 단둘이 대화하는 건 처음이어서 들뜬 채로 그녀의 이야기를 들었다. 그녀는 본인이 쓴 수필 원고를 가져왔다고 했다. 대화하는 동안 그녀가 생글생글 웃어 주니 순식간에 우리 관계가 친밀해지는 느낌이었다.

1981년 연애 시절, 강천산 여행 중

밤 열 시, 나는 고향에 있는 교회 본당에 들어서서 바닥에 타월을 깔고 무릎을 꿇었다. 그리고 실로 간절하고 진실한 기도를 올렸다.

'하나님 아버지! 저는 송윤숙이라는 여자를 사랑하게 되었습니다. 부디 그녀와 결혼할 수 있도록 도와주십시오. 평생 하나님을 배반하지 않고 살겠습니다……' 나는 얼굴이 눈물 콧물로 범벅이 되어도 기도를 멈추지 않았다. 다른 성도들이 새벽 기도를 나올 때까지 자리를 떠나지 않았으니, 내리 여섯 시간을 기도한 것이었다. 나는 그렇게 긴 시간을 기도해 본 적이 없었다. 그런데도 몸과 마음이 가뿐했다.

하나님께서 기도를 들어주신 것일까? 나는 그다음 주 일요일에 그녀의 집으로 초대받았다. 그녀는 숙부댁인 세종아파트에 머무르며 직장을 다니고 있었다. 그녀가 나를 집에 들이며 말하기를, 가족 모임을 하고 나서 귀한 음식이 많이 남아서 내게 먹이고 싶었다고 했다. 나는 육전, 돼지고기, 떡, 꼬막, 홍어 등이 걸게 차려진 상을 받아서 맛있게 먹고 나왔다. 그녀의 마음을 얻어 냈다는 생각에 세상을 다 가진 듯 기뻤다.

초대받은 날 이후로 나는 그녀와 주말마다 데이트했다. 함께 순창의 강천사도 가고 그녀가 고등학교에 다니는 동안 살았다던 여수에도 다녀왔다. 오동도는 데이트 장소로 제격이었으며, 그녀와 함께 걸은 중앙동의 거리는 충장로처럼 매우 세련되고 번화한 곳이었다.

　나는 점차 그녀에 대해 알아 갔다. 그녀는 화려한 외모와 다르게 소박하고 알뜰한 성격이었다. 2남 2녀 중 장녀였고, 고향인 보성에는 부모님과 조부모님이 모두 계신다고 했다. 나는 그녀와 결혼을 약속했다. 우리가 광주에서 성대한 결혼식을 올렸을 때는 1982년의 초가을이었다. 신랑 신부의 친구들이 40여 명이나 참석할 정도로 주목받는 결혼식이었다. 신혼여행은 속리산으로 떠났다. 결혼 생활도 순조로워서 이듬해 봄에 건강하고 잘생긴 장남을, 그다음 해 가을에는 차남을 얻었다. 어엿한 가장이 되어서 얼마나 기뻤는지 모른다.

　그러나 어찌 꽃길만 걸을 수 있겠는가? 처자식이 생겼으니 나는 부모님께 의존하지 않고 내 가정의 생계를 책임져야 했다. 실직하게 되면 잠시 쉴 여유도 없이 바로 일자리를 구해야 했다. 나는 본촌공단 스티로폼 공장에 취업하기도 했고, 젓가락 공장에서 뜨거운 스팀을 맞으며 일하기도 했다. 평화맨션 공사장에서 막일한 적도 있었다.

　그렇게 2년쯤 살다가 친구의 소개를 받아서 제약 회사의 영업 사원으로 채용되었다. 그때 나는 실로 보람찬 나날을 보냈다. 영업을 위해 각지로 출장을 다니며 견문을 넓힌 덕분이었다. 강진의 다산초당과 백련사, 정읍의 내장사, 고창의 읍성, 전주의 경기전과 남부시장 등 수많은 고적과

김성태

ⓒ 전승연

명승을 구경하니 세상을 보는 시야가 넓어지고 깊어졌다. 내 인생에 있어서 가장 값진 시간이었다. 다만 그러한 시간을 십여 년 보낸 것치고 수익은 별로 없었다. 자식들을 건강하게 키울 수 있었으니 그것으로 족하다고 해야 할까?

수많은 난관 끝에 찾아온 행복

    1992년, 나는 매제의 제안을 받아 식품 가게를 인수했다. 매제가 내 여동생과 함께 열심히 운영하던 곳인데, 여동생이 위암을 앓게 된 이후로 어쩔 수 없이 내놓은 곳이었다. 나는 용기를 내서 장사를 시작했다. 마침 내 아이들도 각각 초등학교 2학년, 4학년이 되어서 손이 덜 가니 시기가 적절해 보였다.
    그러나 식품 가게는 아무나 운영할 수 있는 게 아니었다. 새벽 3시에 일어나서 양동의 도매 시장에서 물건을 받아야 했고, 아침 반찬을 장만하려는 주부들이 가게에 들르기 전까지 물건을 비치해야 했다. 육 개월 동안 운영하고 나니 체중이 5킬로그램이나 줄고 기진맥진했다.
    그래서 식품 가게를 접고 청과 가게를 시작해서 7년을 운영했다. 청과 가게 운영은 기독교인에게 어울리지 않는 일이었다. 재고 처리가 문제였다. 주로 금요일이나 토요일에 물건을 사입해서 토요일이나 일요일에 판매해야 하는데, 기독교인인 나는 일요일에 가게를 열지 않았다. 그래서 일요일에 팔지 못한 과일들은 전부 재고가 되었다.

나는 지인의 제안을 받아서 건강원으로 업종을 바꿨다. 처음 하는 일이어서 여러모로 힘들었지만, 약재를 추출하고 기계를 다루는 일을 열심히 배웠다. 일요일에 문을 닫아도 운영에 문제가 없다는 게 건강원 일의 장점이었다.

나는 지금까지 20년 넘게 건강원을 운영하고 있다. 상가 건물도 장만했다. 아내와 결혼한 지 30년째 되는 해인 2012년에는 장남의 결혼식도 볼 수 있었다. 아내가 성당에 다니던 안사돈과 혼담을 주고받으며 이뤄 낸 결실이었다. 그 이듬해에는 귀여운 손자를, 삼 년 후에는 손녀를 봤다. 둘째 아들도 육군사관학교에서 결혼식을 올리고 이듬해에 딸을 낳았다. 그렇게 나는 아내, 두 아들과 며느리, 손자와 손녀 둘로 이뤄진 다복한 가정을 얻었다. 모두 하나님께서 주신 은혜다.

현재 내 나이는 육십팔 세이지만, 노인이라는 걸 의식하지 않고 정열적으로 살고 있다. 이제 이 가을이면 결혼 40주년이 되는 건강한 아내와 건강원도 운영하고, 민주적이고 건설적인 시민운동도 참여하며, 총무로서 문중 일도 돕는다. 또한 나주학회에서 공부하고 시골에서 농사일도 하며 몸과 마음을 두루 수양하고 있다.

"나는 집에서 삼식이(퇴직 후 집에 머물며 삼시 세끼를 차려 달라고 하는 남편을 비꼬아 이르는 말)로 살면서 아내

담양 어느 식당의 정원에서 손주와 함께

눈치를 보고, 하루하루 무료하게 살고 있는데, 성태 자네를 보면 부러워지네."

　은퇴한 친구들이 내게 하는 말이다. 나는 친구들이 부러워하는 대로 틈틈이 건강 관리도 하고 가족들과 더불어 지내면서 살고 있다. 모든 순간 속에서 행복을 느낀다. 자서전을 쓰고 있는 이 순간까지도 말이다.

김운수 金雲洙 이야기

나는 1938년 5월 22일에 전라남도 담양군 대덕면 성곡리 298번지에서 태어났습니다.

나는 요즈음 복지관에서 열심히 탁구와 당구를 치고 있습니다. 하루에 만 보 걷기도 적극적으로 실천하고 있습니다. 직장에 다닐 적엔 업무에 시달려서 힘들었지만, 요새는 건강도 좋고 먹는 것과 입는 것에 부족함이 없어서 행복합니다. 더는 바랄 게 없습니다.

가족에게 보내는 한마디
지난 삶을 되돌아보니, 내가 한 고생은 이루 말할 수 없다.
그러나 불평 말고 모든 것을 즐거운 마음으로 받아들이면
고생한 만큼의 대가가 돌아오더라.

내 인생의 키워드
겸손, 배려, 진실

아끼던 지게를 내려놓고

　내가 초등학생일 때 일제 강점기가 끝났다. 온 국민이 환호하며 만세를 부르짖었다. 그러나 나는 무엇이 즐거운지 잘 모를 정도로 어렸기 때문에 덤덤했다. 당시의 분위기만 어렴풋한 기억으로 남아 있다.

　반면에 6·25전쟁의 경우는 달랐다. 그때 나는 초등학교 6학년이었다. 낮에 국군이 마을을 점령해도 밤이면 인민군이 쳐들어와 도저히 안심하고 살 수 없었다. 인민군은 학교나 지서, 면사무소 등의 건물을 불태우고 온 마을을 샅샅이 뒤져서 먹을거리를 강탈했다. 마을 사람들에게 최악의 식량난이 찾아온 것이었다. 나 또한 굶주린 배를 움켜쥐고 허기를 참았다.

　비슷한 나날이 반복되던 어느 날 밤이었다. 개들이 짖는 소리가 동네에 울려 퍼졌다. 인민군이 또 마을에 들어온 것이었다. 나는 공포와 불안에 사로잡힌 채로 몸을 떨며 사립문 쪽을 응시했다. 우리 가족은 커다란 이불 속에 몸을 숨겼다. 인민군의 눈에 띈 성인들은 다 잡혀갔기 때문에 부모님도 숨지 않을 수 없었다.

　나는 어려운 집안 형편 때문에 초등학교를 졸업한 뒤에도 삼 년 동안 중학교에 진학하지 못했다. 그러나 마냥 슬프지만은 않았다. 다른 일에 재미를 붙인 덕분이었다. 나는 날마다 풀을 베어 퇴비를 장만하고 전흔이 남아

김운수

ⓒ 이세현

있는 산에서 땔감을 구해 왔다. 필요한 일이기도 하거니와 부지런히 퇴비를 쌓고 땔감을 모으다 보면 마음이 풍족해지는 게 꼭 부자가 된 기분이었다. 그런 내 모습을 흐뭇하게 바라보시던 부모님은 어느 가을에 내가 쓸 지게를 사 오셨다. 지게를 사용하니 일이 훨씬 수월해졌다. 일의 능률이 오르니 기분도 좋았다.

그러던 어느 날이었다. 지게를 지고 다니는 내 모습을 지켜보시던 방앗간 영감님이 너도 이제 고생문이 열렸다고 말하며 씁쓸한 표정을 지으셨다. 이상하게도 나는 그 말을 듣고 난 후부터 맘에 들던 지게가 싫어졌다. 지게를 지고 다니는 게 창피하고 부끄러웠다. 나는 아버지께 매달려서는 중학교에 보내 달라고 사정했다. 형편은 여전히 어려웠지만, 아버지는 내 굳은 의지를 보고 진학을 허락하셨다.

꾸준히, 그리고 묵묵히

삼 년 만에 다시 공부를 시작하려니 여간 힘든 게 아니었다. 머리가 녹슬어 있었던 데다가, 책을 구할 형편이 되지 않아서 종형이 보관하고 있던 오래된 교재를 빌려 공부해야 했다. 나는 그렇게나마 열심히 공부해서 사범학교에 입학 원서를 접수하고 시험을 치렀다. 속으로 큰형님의 도움을 받을 수 있지 않을까 하는 기대도 했다. 큰아버지의 장남인 큰형님은 종형제 중 월등히 나이가 많았고 이미 사범 학교의 교사로 근무하고 계셨다. 나는 어린 마음에 시험을 망치더라도 큰형님이 손써 주리라고 생각한 것이었다.

그러나 결과는 불합격이었다. 나는 좌절하지 않고 후기 원서 접수를 통해 조선대학교 부속 중학교에 상위권의 성적으로 입학했다. 사범 학교 입학에 실패한 일로 씁쓸했던 마음이 달래지고도 남을 만큼 행복했다.

아버지께서 옥토로 유명했던 논을 팔아서 학비를 마련해 주셨지만, 생활비까지 받을 여유는 없었다. 그래서 나는 광주에 있는 사범 학교의 관사에 몸을 의탁했다. 큰형님 부부와 다른 종형제 네 명이 거주하고 있던 곳이었다. 나는 그곳에서 지내는 동안 여러모로 강인해졌다. 관사에서 학교로 향하는 길에는 교도소 수감자들이 분뇨를 이용해 경작하는 농장이 있어서, 나는 코를 찌르는 분뇨 냄새를 참으며 등교했다.

식사 시간엔 반찬을 조금이라도 더 먹으려고 손과 입을 빠르게 놀렸다. 칫솔을 살 돈도 없어서 방을 같이 쓰는 종형에게 칫솔을 빌려달라고 말한 적도 있었다. 어렵사리 말을 꺼낸 내게 종형은 자기가 입병이 있어서 같이 쓸 수 없다며 거절했다. 눈에 빤히 보이는 거짓말이었지만, 나는 믿는 체하며 부끄러움을 삼킬 수밖에 없었다.

나는 중학교에 다니는 동안 매 학기 납부금을 마련하려고 돈을 벌었다. 처음 시작한 일은 신문 배달이었다. 저학년 때는 공부와 일을 병행해도 학업에 큰 지장이 없으리라고 생각했다. 나는 전남일보 보급소장을 찾아가 일자리를 부탁했고, 소장은 흔쾌히 나를 배달원으로 고용했다.

나는 첫날부터 구독자의 주소를 파악하고 신문을 배달했다. 오후 대여섯 시부터 일을 시작해 통금 시간인 자정 전까지 쉴 틈 없이 뛰어다녔다. 실수하는 일도 더러 있었다. 깜빡하고 배달을 못 한 곳이 생기면 구독자에게 없는 애교도 부리며 상황을 모면하기도 했다. 나는 오랜 시간을 거리에서 보내고 날이 바뀌기 직전에야 귀가했다. 참을 수 없는 허기와 피로를 느끼며 집으로 돌아오면, 종형수가 준비해 둔 밥상이 보자기로 덮인 채 나를 기다리고 있었다.

지금도 그 밥상을 떠올리면 입맛이 돈다. 현재 형수님은 하느님의 부르심을 받고 떠나셨지만, 그분의 사랑은 지금도 잊을 수가 없다. 형수님을 존경하고 사랑하는 마음 또한 내 마음속에 여전히 남아 있다.

나는 중학교를 무난히 졸업한 뒤로 서울에 있는 국립체신고등학교에 입학했다. 고등학교 진학에 대한 고민이 한창이던 때, 같은 반 친구가 한 말이 내게 큰 도움이 되었다. 자신이 서울 소재 국립 고등학교의 모집 요강을 봤는데, 국가에서 관비와 교재를 지급해 주는 데다가 기숙사도 있더랬다. 더는 주거지와 학비를 걱정하지 않아도 될 듯해서 나는 그곳으로 원서를 제출했고, 그날부터 밤낮을 가리지 않고 공부해서 시험을 봤다. 발표일까지 기다리는 시간이 무척 길게 느껴졌다.

 드디어 다가온 발표일, 나는 꿈에 그리던 순간을 맞이했다. 게시판에 붙어 있던 합격자 명단에 내 접수 번호인 7번이 보였다. 눈을 비비고 살을 꼬집어 봐도 분명히 생시였다. 우리 학교에서 응시한 여섯 명 중 나만이 합격의 영광을 차지했다. 담임이었던 나갑주 선생님은 나보다도 더 즐거워하며 나를 칭찬해 주셨다. 교지에도 소식이 실려서 나는 전교생의 부러움을 사기도 했다.

 그러나 이번에도 입학 등록금이 필요했다. 나는 염치 불고하고 타지에서 대바구니를 이고 장사하시던 이모와 이모부를 찾아뵈어 사정을 말씀드렸다. 두 분께서도 어렵게 생활하고 계셨지만, 내 이야기를 듣고는 등록금 일부를 지원해 주셨다. 덕분에 안심하고 학교에 다닐 수 있었다. 나는 학업을 이어 나갈 수 있도록 도와주신 모든 분께 보답하려는 마음으로 꾸준히, 그리고 묵묵히 공부했다.

군 생활에서 얻은 값진 경험들

나는 고등학교를 졸업한 뒤에 광주전신전화국에 발령받아 공직 생활을 시작했다. 모든 게 즐겁고 행복했지만, 입대 영장을 받아 육 개월 만에 휴직하게 되었다. 비록 직장에 머무른 시간은 짧았어도 동료 및 선배들과 정이 들어서 헤어지는 게 몹시 아쉬웠다.

유난히 춥고 눈이 많이 내렸던 1961년 1월 9일, 논산훈련소에 입소한 나는 25연대에 배속되어 열심히 신병 훈련을 받았다. 언제든지 재빠르게 움직여야 해서 이발도 대충 받고 면도도 좌우로 두어 번 위아래로 두어 번 하는 걸로 끝냈다. 목욕도 3분 안에 마쳐야 했다. 고된 훈련을 받다 보니 수시로 졸음이 쏟아졌다. 눈이 수북이 쌓인 길을 행군하며 매서운 바람을 맞을 때도 계속 잠이 왔다.

논산훈련소에서 전기 훈련을 받은 뒤 대전의 육군정보통신학교에서 18주 동안 후기 교육을 받았다. 처음 입교할 때는 모두 신품인 군복과 군화를 받아서 들어갔는데, 첫날 밤을 보내고 나니 신병들의 말끔한 물품은 온데간데없고 낡은 것들이 남아 있었다. 먼저 입교한 병사들이 신병들의 신품을 가져가고 헌것을 남겨 두는 게 그곳의 오랜 전통이었다. 다행히 나는 내 것을 잘 숨겨 둔 덕분에 위기를 모면했다.

나는 육군정보통신학교에서 '247 텔레타이프(TTY)'라는 통신 장비를 정비하는 기술을 배웠다. 상당한 전문성이 요구되는 기술이었다. 나는 열심히 노력한 끝에 졸업 시험에서 해군 동기생 다음으로 2등을 차지해서 자신감을 얻었다. 1등부터 3등까지는 본인이 희망하는 부대로 배치될 수 있는 혜택이 주어졌다. 나는 고향인 광주 상무대 통신근무대를 선택했고, 그 덕분에 가족들과 매주 상봉할 수 있었다. 나는 복무하는 중에도 부모님의 곁에서 일손을 도우며 따뜻한 사랑을 받았다.

나는 부대에서 주특기인 텔레타이프 정비와 전혀 관련 없는 기재계(記載係)의 업무를 하라는 명을 받기도 했다. 업무에 적응하려 해도 도저히 적성과 맞지 않아서 인사권자인 중대장님을 찾아뵈었다. 나는 주특기를 활용할 수 있는 수신소로 발령해 주신다면 어떠한 불평도 없이 맡은 바 임무에 최선을 다하겠다고 말씀드렸다. 다행히 일주일 만에 나는 소원대로 수신소에 재배치되었다. 감사한 마음을 표현하고자 부모님의 도움을 받아서 벼슬이 빨갛고 몸집이 제일 큰 수탉 한 마리를 중대장님 사택에 가져다드렸다.

이후로는 문제없이 즐거운 군 생활을 보냈다. 수신소에서 내 주특기를 살려 근무할 수 있었고, 내 고향인 광주에서 근무하고 있다는 사실도 나를 행복하게 했다. 나는 3년 만기 제대 후 광주전신전화국으로 복직했다. 유명한 기술자라고 소문이 나서 중앙정보부 TTY실로 고장이 난 기계를 고치러 출장을 다녀오기도 했다. 군대에서 열심히 공부한 덕분에 할 수 있는 특별한 경험이었다.

결혼 초기의 기억들

전역 이후, 나는 지금의 아내와 중매로 결혼했다. 아버님이 신붓감을 물색하고 있다는 편지를 보내셔서 부모님 마음에 들면 된다고 말씀드렸더니 2주 만에 결혼 날짜가 정해졌다. 서로 얼굴 한 번 대면하지 않고 맺어진 인연이지만, 오늘날까지 우리는 2남 2녀의 자녀를 두고 남부럽지 않게 살고 있다.

신혼 때의 추억이 떠오른다. 날씨가 화창한 어느 일요일, 모든 게 예쁘고 사랑스러운 아내와 여수 오동도로 향했다. 보는 즐거움도 좋지만 먹는 즐거움도 빼놓을 수 없어서 우리는 과자와 음료수, 수박을 챙겨 갔다. 나는 무거운 수박을 어깨에 메고 걸었다. 우리는 오동도의 동백림을 지나서 바다를 마주했다. 나는 넘실거리는 파도를 바라보다가 낭만에 젖은 채로 수박을 잘랐다.
그런데, 어떻게 이럴 수가. 수박이 거의 안 익어 있었다. 나는 눈을 의심하고 한 번 맛을 봤지만, 수박은 도저히

김운수

가미해수욕장에서 아내, 첫째, 둘째와 함께

먹을 수 없는 상태였다. 수박을 고를 때 상태를 세심하게 확인하지 않은 탓이었다. 땀깨나 흘리며 고생한 게 분했지만, 고스란히 손해만 본 것은 아니었다. 삶의 지혜를 얻었기 때문이다. 비단 수박을 고를 때뿐만 아니라 세상을 살아가는 데에 있어서 우리는 무언가 결정하기 전에 심사숙고할 필요가 있다.

가족끼리 여행을 갔다가 죽을 뻔한 기억도 있다. 불볕더위가 기승을 부리던 여름, 우리는 영광의 가마미해수욕장에 다녀오기로 했다. 아내와 아이들은 난생처음 가 보는 해수욕장이어서 다들 설레는 마음으로 밤을 지새웠다. 우리는 평소에 쉽게 먹을 수 없는 음식을 준비하고 세 명이 탈 수 있는 고무보트도 빌렸다.
우리는 해수욕장에 도착해 바로 총천연색의 바다로 뛰어들었다. 아내와 아이들은 고무보트에 타고 나는 선장이 되어 보트를 끌고 바다를 휘젓고 다녔다. 가족들이 나를 믿고 바다 위를 떠다니며 행복감에 젖어 있을 때였다. 갑자기 발에 땅에 닿지 않았다. 나는 깊은 곳으로 빠져 들어가기 시작했다. 내 표정이 이상하단 걸 알아챈 큰딸이 살려 달라며 고함쳤다.
다행히 근처에 있던 수영을 잘하는 건실한 남자가 와서 구해 주었다. 그분이 아니었다면 나는 천당 아니면 지옥에 갔을 것이었다. 이후 감사한 마음을 표현하려고 했지만,

다시 그분을 만나지는 못했다. 나는 은혜를 베푼 것은 잊어도 되나 받은 것은 잊으면 안 된다는 격언을 생각하며 그분을 잊지 않겠다고 다짐했다. 또한 배꼽이 잠길 정도로 깊은 물에서는 항상 조심해야 한다는 교훈도 얻었다.

내 집 마련의 길

사글세나 전세를 살다 보면, 내 이름을 새긴 문패를 달 수 있는 집을 간절히 바라게 된다. 우리 가족은 셋방을 전전하다가 아내가 근검절약하여 마련한 돈으로 집을 구했다. 산수동 철길 부근의 두부 공장을 개조한 집이었다. 방세로 일정 수입을 얻을 수 있고 철길도 머지않아 옮겨진다는 이점이 있었다.

다만 연탄을 쓸 때 불편한 점이 많았다. 특히 연탄가스 때문에 양철과 슬레이트로 된 지붕이 부식되는 게 가장 큰 문제였다. 머지않아 지붕에 구멍이 뚫려서 하늘이 보였다. 한집에 살던 분이 수리하려고 지붕에 올랐다가 추락해서 허리를 심하게 다치고 말았다. 그분은 형편상 병원에 가지 못하고 어디에서 똥물을 마시면 쉽게 치료된다는 이야기를 듣고 실제로 행했다. 그 덕분인지는 몰라도 부상이 완치되었다.

2년 후, 허름한 집을 철거하고 신축하기로 했다. 우리는 완공될 때까지 묵을 곳이 필요해서 임대차 계약을 하고 어느 집으로 이사했는데, 살기에 그리 좋은 곳이 아니었다. 그래서 서동우체국 이한규 국장님의 도움을 받아 관사에서 살기 시작했다.

　　우리 가족이 생활하는 곳은 다다미방이어서 외풍이 심하고 난방도 어려웠다. 나는 애들을 따뜻하게 재울 방법을 고민했다. 그때 창문 옆에 달린 인입선이 내 시야에 들어왔다. 자세히 살펴보니 전에 살던 사람도 전기를 끌어다 썼는지 흔적이 남아 있었다.

　　당시는 정부 예산이 부족하니 에너지를 절약하라는 문서가 우체국을 통해 우송되던 시기였다. 물론 그런 상황을 차치하더라도 멋대로 전기를 끌어다 쓰는 건 명백한 위법 행위였다. 하지만 아이들을 따뜻하게 재우고픈 마음이 더 컸다. 나는 바로 전기장판을 마련했다. 아이들이 잘 시간이 되면 사람들 눈을 피해 전기를 연결했고, 아침이 되면 들키지 않게 연결을 끊어 숨겼다.

　　하루는 아이들이 곤히 자고 있어서 제때 전기를 끊지 못했다. 그런데 바로 그날에 한전 직원 두 명이 집을 찾아왔다. 그들은 한마디 양해 없이 2층 창문으로 향했고, 곧 임의로 인입선을 이어 놓은 것을 확인했다. 나는 다음 날 한전에 호출받고 죽을상이 되어 집을 나서야 했다. 벌금은 35만 원으로 당시 나의 월급인 30만 원보다도 많은 돈이었다. 한동안 어안이 벙벙했다. 벌금 때문에 고생이 이만저만이 아니었다. 하지만 그 일이 있고 난 뒤부터 나는 법을 준수하겠다고 다짐하고 열심히 살게 되었으므로, 그때의 경험은 내 인생에 좋은 거름이 되었다.

집은 2년 만에 완공되었다. 최고의 건축자재를 사용해서 지은 한식 주택이었다. 보고 있으면 행복해서 잠을 설치게 될 정도로 외관이 멋있었다. 새집에서 우리는 어떤 고난이라도 헤쳐 나가자고 굳게 다짐했다.

생각해 보면 아내가 부동산에 관심을 가지기 시작한 것은 그때부터였다. 훗날 아내는 부동산으로 돈을 벌어서 지금 함께 거주하고 있는 집도 마련했다. 무려 40년 동안 살아도 문제없는 2층짜리 단독주택인데, 세를 놓을 수 있게끔 아파트식으로 리모델링해서 수입도 얻고 있다. 게다가 아내의 노력 덕분에 농지도 800평이나 소유하게 되었다.

38년 근속의 기억과 보람

첫 발령을 받은 1960년부터 정년 퇴임한 1998년까지, 38년 동안 공직자로 살면서 많은 일이 있었다. 그중 가장 먼저 떠오르는 건 내가 고흥우체국의 업무계장으로 재직하고 있을 때의 일이다.

그때는 '친절 배가 운동'의 일환으로서 '스마일 운동'이 한창 진행되고 있었다. 만족도 높은 서비스를 제공하고자 밝은 미소로 고객을 응대하자는 취지의 운동이었다. 나는 업무를 보는 동안 '스마일 운동'을 유념하며 밝은 표정으로 고객을 응대했다. 우편물을 접수하려는 어느 여성 고객을 대할 때도 나는 웃고 있었다. 그러자 그 고객은 내게 대뜸 화냈다. 속이 부글부글 끓어오르는 상황에 무슨 '히야카시(놀림)'냐는 것이다. 그 일 이후 나는 고객을 대할 때 상대방의 성격이나 상태를 파악하고 언행에 신경을 썼다.

고흥우체국에서 광주우체국에 발령받아 창구계장으로 근무할 때는 공적을 남겼다. 당시 '장거리 자동 전화(DDD)'를 이용하던 고객들은 기계가 돈만 먹고 통화 연결은 되지 않는 오류를 많이 겪었다. 나는 이러한 문제를 해결할 대책을 강구하고 도식을 만들어서 전남체신청장에게 보고했다. 내 대책은 훌륭하다는 칭찬을 받았고, 실현된 이후에도 고객들에게 무결점 서비스가 되었다.

나는 이후 전남체신청으로 발령받아 근무하다가 1998년 6월 말에 정년 퇴임했다. 퇴임 전에 아내가 증권에 손을 댔다가 일이 잘못되어서 위기를 겪었다. IMF 사태로 인한

김운수

ⓒ 이세현

손실이 어마어마했고, 우리는 증권 회사에 제소당해서 궁지에 몰렸다. 나는 본업도 제쳐 두고 정신없이 대책을 마련했지만, 결국 세월이 일을 해결해 주었다.

그즈음 녹조 근정훈장과 모범공무원상을 받은 기념으로 부부 동반 관광에 초대되어 행복한 시간을 보내기도 했다. 경주 불국사 등 유명 사찰을 구경하고 밤이면 찬란한 야경을 관람했고, 좋은 호텔에서 묵으며 최고의 만찬을 즐겼다. 아내는 평소에 경험하기 힘든 접대를 받으며 마냥 즐거워했다. 오직 한길만 열심히 걸어온 대가라는 생각이 들어서 나도 아주 뿌듯했다. 여행 덕분에 부부 사이의 신뢰와 애정도 더욱 돈독해졌다.

노년을 아름답게

퇴직하고 나니 하고 싶은 게 많았다. 먼저 등산을 시작하고자 솔잎산악회에 가입했다. 건강 관리에 큰 도움이 되고 전국을 순회하며 혼자 가기 어려운 명소를 다녀올 수 있다는 장점이 있었다.

첫 등산 때는 구경은커녕 낙오되지 않으려고 앞사람을 따라 정신없이 걷기 바빴다. 그러나 계속 다니다 보니 경험이 쌓이고 여유가 생겼다. 산을 오르며 동행하는 회원들과 정담을 나누는 재미가 있었다. 산 정상에

도달하면 각자 준비한 음식들로 진수성찬이 차려졌는데, 음식 하나하나가 지금껏 잊지 못할 정도로 최고의 맛이었다. 하산할 때는 서로의 무사함을 바라는 의미로 '하산주'를 나눠 마셨다.

 회원들은 돌아가는 관광버스에서 춤판을 벌였다. 서로 체면을 불고하고 소위 '관광춤'을 추는 모습은 아주 가관이었다. 버스가 기울 정도로 각자 흥을 자랑했다. 그 꼴은 제정신으로 볼 수 없으므로 나 또한 미쳐야 했다. 평소 같으면 부끄러웠을 텐데, 그 순간에는 마냥 즐거웠다.

 나는 호남직업전문학교에 입학해서 자격증도 취득했다. 선생님들은 학생들을 열성적으로 가르치며 의욕과 희망을 북돋아 주셨다. 나처럼 퇴임한 또래 급우들과 어울려 친목도 도모하니 학교에 다니는 게 너무 행복하고 즐거웠다.

 나는 2년 동안 열심히 공부했다. 밤잠을 설치며 노력한 결과 각종 자격시험에 응시해 무려 5개의 자격증을 취득했다. 당시 같은 반에는 내 또래들과 고등학교 3학년 학생들의 비율이 비슷했는데, 자격증 합격률은 내 동년배들이 더 높았다.

 학생들에게 제공되는 국가 보조금 40만 원으로 급우들과 회포를 풀고 정담도 나누며 즐겁게 지낼 수 있었다. 생각건대, 우리나라는 복지 서비스가 잘 제공되는 듯하다. 정부가 보조금은 물론이고 작업복과 책 등을 지급하여 국민이 경쟁 사회에서 적응할 수 있도록 돕는다. 누구든 노력하면 멋지고 희망찬 미래를 설계할 수 있다. 만약 앞으로 살길이 걱정인 사람이 있다면 직업 학교의 문을 두드리라고 조언하고 싶다.

 2009년 빛고을노인건강타운이 신축되었을 때는 그곳에 다니며 즐겁게 지냈다. 훌륭한 시설을 갖춘 곳이었다. 나는 그곳에서 탁구와 당구를 치고 체력을 단련하며 건강 관리에 몰두했다. 위생 시설이 잘되어 있는 식당에서 준비되는 식사는 대만족이었다. 맛도 탁월한 데다가 가격도 저렴했다. 식사하러 모인 사람들이 질서정연하게 줄 서서 이동하는 모습은 너무 정겹고 아름다웠다.

우리 가족의 행복을 위해

 2018년 3월 1일, 나는 아침 식사를 준비하고 방으로 들어온 아내와 함께 TV를 보고 있었다. 그런데 갑자기 집에 정전이 일어났다. 예감이 좋지 않았다. 나는 주변을 살피다가 주방 문을 열었다. 아뿔싸! 주방이 불타고 있었다. 사나운 불길 위로 연기가 가득했고, 바닥에는 형광등이 깨져 생긴 유리 파편이 흩어져 있었다. 불은 곧 2층으로 번질 것처럼 보였다. 나는 고함치려 했지만, 목소리가 전혀 나오지 않았다.

화장실에 가 보니 고무 대야 가득 물이 담겨 있었다. 나는 화재를 진압하기 위해 죽을 각오로 움직였다. 정신없이 주방에 물을 퍼부었다. 뛰어다니다가 넘어지는 바람에 왼쪽 어깨를 크게 다쳤고, 양발은 유리 파편이 박혀 피투성이가 되었다. 다행히 불은 다른 곳으로 옮겨붙기 전에 진압되었다. 이후 화재 원인을 조사해 보니 전기 주전자의 회로에 합선이 일어난 것으로 밝혀졌다.

나는 그 일로 인해 깨달았다. 최악의 위기에 맞닥뜨리면 인간은 상상하지 못할 괴력을 발휘하는구나! 내가 끝까지 포기하지 않고 끈질긴 의지와 인내로 어마어마한 일을 해냈다는 것 자체가 너무 자랑스러웠다. 당시를 돌이켜 생각하면 지금도 뿌듯하고 흐뭇하다. 그 이후 나는 집에 소화기를 네 개나 마련하고 이전에 받은 소방 교육을 상기하며 화재 예방에 만전을 기하고 있다. 자나 깨나 불조심!

요즘에는 밤 9시 뉴스가 끝나면 취침하고 새벽 5시에 하루를 시작한다. 간단히 준비 운동과 근력 운동을 하고 나서 '푸른길' 산책에 나선다. 옛 철길을 따라 나무숲을 조성하여 만들어진 '푸른길'은 시민들에게 주목받고 있다. 나는 광주역에서 조선대 정문까지 약 만 보를 걸으며 규칙적으로 건강을 관리하고 있다.

이제는 노대동의 빛고을건강타운이 아니라 광주공원의

김운수

복지관에 다닌다. 건강 타운에서 운영하는 버스는 이용하기에 불편하고 차를 타고 다니기엔 교통비가 부담되는 탓이다. 복지관의 시설은 건강 타운만 못하지만, 좋은 친구가 많다. 그곳에서 사귄 50여 명의 친구와 카톡으로 정담을 나누고 유익한 정보를 공유하다 보면 지루함은 온데간데없고 두터운 정만 쌓인다. 나는 여전히 복지관에서 탁구와 당구를 치고 체력단련실을 이용한다. 복지관에서 주최한 탁구 대회와 당구 대회에 참가해서 입상하기도 했다.

   복지관에서 놀다가 집으로 돌아오면 집안일을 시작한다. 직장에 다니는 동안 가정에 소홀했던 게 미안해서 더욱 열심히 하고 있다. 식사 후 설거지는 기본이고 방과 마당, 대문 앞까지 청소한 뒤에 쓰레기를 봉투에 잘 채워서 수거 시간에 맞춰 밖에 내놓는다. 손빨래는 기숙사에서 생활할 때부터 많이 했기 때문에 지금까지 아내 손을 빌린 적이 별로 없다.

   갈수록 아내의 건강이 나빠져서 걱정이 태산이다. 아내의 얼굴에는 그동안 고생한 흔적이 역력하게 드러난다. 파 뿌리 같은 백발, 저승꽃이라 부르는 검버섯, 오복 중 하나라는 치아가 있을 자리에 끼워진 틀니……. 후각도 많이 나빠져서 요리할 때는 냄새 좀 맡아 달라며 내 코를 빌린다. 요사이 아내는 청력도 떨어져 소통이 어려워졌다.

김운수

ⓒ 이세현

자연의 순리라고 생각하며 마음을 비우고 긍정적으로 생각하기엔 너무 안타깝다. 요즘은 100세 시대라고들 하지 않나?

그러나 나는 아내가 세월을 잘 이겨 내리라고 믿는다. 오래전 아내는 네 시간에 걸친 고관절 수술을 무사히 받았고, 이후에도 20년 동안 꾸준히 물리 치료를 받고 스스로 개발한 요가를 하며 건강을 챙겨 왔다.

아내는 그동안 힘들고 어려운 일이 많았는데도 지금은 이렇게 행복하고 즐거울 수가 없다고 말한다. 어떠한 악조건 속에서도 강인한 의지와 인내심으로 오뚝이 같은 인생을 살아온 아내에게 무한한 찬사와 감사를 보내고 싶다. 또한 이 세상이 끝날 때까지 온 마음을 다해서 사랑하겠다고 말하고 싶다.

귀애하는 내 자녀들 이야기

끝으로 사랑하는 아이들의 이야기를 해 보겠다. 아내와 결혼하고 2년 동안 임신 소식이 없어서 고민이 많았다. 산부인과에 방문하니 임신하려면 수술받아야 한다는 이야기를 들었다. 우리는 수술을 받는 대신 임신에 도움이 된다는 한약을 복용하고 정신적으로 안정을 취했다. 그러자 첫째 딸이 우리를 찾아왔다. 정말 신기하고 행복한 순간이었다.

첫째 딸은 건강하게 태어나서 우리의 사랑을 받으며 잘 자라 주었다. 다만 딱 한 번, 첫째가 어렸을 때 실종될 뻔한 일이 있었다. 함께 광주공원으로 산책하러 갔을 때였다. 공원에 도착해서 한참 주변을 둘러보고 있는데 어느 순간 딸이 보이지 않았다. 주위를 아무리 살펴봐도 없었다. 혹시나 혼자서 집으로 돌아가지 않았을까 하는 생각에 집에도 가 봤지만, 허사였다. 경찰에 신고해야 하나? 방송국에 의뢰할까? 여러 가지 생각이 머릿속을 스쳐 지나갔다.

다행히 우리는 현충탑 부근의 으슥한 곳에서 딸을 찾았다. 딸의 얼굴은 눈물 콧물로 범벅이 되어 있었다. 우리는 꿈인가 생시인가 싶어서 서로 부둥켜 한참을 울고 난 뒤에야 정신을 차렸다. 딸은 그 뒤로 큰 문제없이 성장해 전남대학교에 입학했고, 학비 면제를 받아서 거기에 쓸 돈으로 컬러 TV도 마련했다. 지금은 서울에 있는 중학교에서 학생을 가르치며 정년을 앞두고 있다.

둘째 아들은 중학교 시절에 말을 잘 듣지 않았다. 나는 버릇을 고치고자 아들의 따귀를 한 대 때린 적이 있는데, 순식간에 겁을 먹고 낯빛이 변하는 아들의 모습을 보고 곧바로 후회했다. 어떤 의도이든지 간에 아이들을 매로 다스려선 안 된다는 걸 그때 깨달았다.

큰딸이 잠시 실종되었던 날, 광주공원에서

김운수

큰딸의 대학교 졸업식 날 찍은 가족사진

우리 부부는 살레시오고등학교를 졸업하고 군대를 다녀온 아들에게 공무원 시험을 보라고 권유했다. 당시 광주광역시청에서 제1기 9급 공무원 공채 시험이 열렸기 때문이다. 아들은 부모의 권유에 못 이겨 시험을 봤는데도 40 대 1이라는 높은 경쟁률을 뚫고 합격했다. 아들의 첫 발령지는 서석동의 동사무소였다. 초임이라 업무에 적응하기도 힘들고 또래 친구들과 놀지도 못하니 많이 힘들었는지, 둘째는 업무를 수행하다 말고 돌연 서울로 도망가는 무책임한 일을 저질러 우리의 속을 태웠다. 우리는 숨어 있는 아들을 찾으려고 무당을 불러서 굿을 하기도 했다.

　　그 후 아들은 과거를 잊고 직무에 만전을 기했다. 그 결과 현재 동구청의 5급 공무원(사무관)으로서 최선을 다해 일하고 있다.

　　독실한 기독교 신자인 셋째 아들은 현재 중학교에서 행정실장으로 일하고 있다. 셋째는 물질적으로 가진 것은 별로 없지만, 정신적으로는 자타가 공인하는 최고 부자다. 아주 착하고 성실하다. 자부(子婦)도 교사로 일하고 있는데, 둘은 목사님의 주선을 통해 만나서 슬하에 3남을 두었다. 자부는 재작년 압해도의 땅 300여 평을 사서 농장을 만들었다. 각종 유실수와 채소를 유기농으로 재배한다. 지금도 셋째 부부는 나름의 꿈을 실현하기 위해 꾸준히 노력하고 있다.

    넷째인 막내딸은 초등학교에 입학하면서부터 얼굴도 예뻐지고 공부도 곧잘 했다. 특히 손재주가 뛰어났는데, 그 재능을 살리고자 조선대학교 간호학과를 나왔다. 현재 조선대 병원 간호사로 근무하고 있는 넷째는 20년 근속상을 받기도 했다. 인내심이 대단하다는 걸 알 수 있다.
    넷째는 힘들게 저축한 돈으로 산수 좋고 공기가 맑은 무등산 자락의 아파트에 보금자리를 마련하고 결혼도 해서 남부럽지 않게 살고 있다. 방학이나 휴가에 맞춰 가족여행을 계획할 때면, 넷째는 전국의 유명한 관광지를 조사해서 여행에 불편함이 없도록 효심을 베풀어 준다. 아들보다 딸을 선호하는 이유를 조금 알 만하다고나 할까?

    그동안 힘들고 어려운 시절이 많았는데, 조금의 불평불만도 없이 건강하게 자라 준 아이들에게 고맙다고 말하고 싶다. 부모의 마음에 상처 입히지 않고 학업에 전념해서 각자 잘 자라 주었으니 나는 아이들이 자랑스러울 뿐이다.
    마지막으로 자녀들에게 하고 싶은 말이 있다. 사랑하는 아이들아. 항상 건강하고 남매끼리 서로 돕고 사랑한다면 나는 더 바랄 게 없다. 다시 한 번 말하지만, 고맙다. 그리고 사랑한다.

고순희 高淳姬 이야기

나는 1947년 4월 27일 광주에서 고대규, 김동득 사이 7남매 중 다섯째로 태어났습니다.

나는 현재 대학동창회장단 업무를 맡고 있으며, 국립광주박물관에서 해설 봉사를 하고 있습니다. 중흥성당 성가대에서 찬송을 부르고 집에서 피아노를 연주하는 영적 활동을, 라인댄스를 배우고 게이트볼을 치는 신체적 활동을 하고 있습니다.

가족들에게 보내는 한마디

한 우물을 파라. 구하라, 얻을 것이다. 두드려라, 열릴 것이다. 찾으라, 찾을 것이다.

내 인생의 키워드

신외무물(身外無物), 자아실현, 합리적 사고, 실사구시(實事求是)

자서전을 시작하며

나는 나의 이야기를 가족에게 전하기 위하여 이 글을 쓴다. 자서전을 쓰도록 프로그램을 마련해 주신 임택 동구청장님, 기획을 맡으신 인문도시정책과 배귀철 주무관님, 대면 지도해 주신 조선대학교 문예창작대학원 박사라 선생님, 삽화를 맡아 주신 이유진 선생님, 서경사진관의 유서림 선생님께 깊은 감사의 말씀을 올린다.

내가 자랐던 집

내가 태어나고 자란 집은 '서석의원'이라는 간판을 내건 병원 옆의 건물이었다. 지금의 동강대학교 맞은편 부지였다. 병원과 나란히 붙어있는 살림집의 대문을 열면 넓은 마당과 텃밭이 나왔다. 마당 끄트머리에는 우물이 있었고, 부엌과 우물 사이에는 자갈길이 깔려 있었다.
  우리 식구는 대가족이었다. 세 명의 작은아버지들과 외삼촌, 이모네 자식들도 우리 집에 얹혀살았다. 머리에 수건을 쓰고 옥양목 왜바지를 입은 어머니는 새벽부터 호미를 들고 텃밭을 일구며 두레박으로 물을 길었다. 짚으로 만든 똬리를 머리에 얹고, 똬리 줄을 입에 문 후 물동이를 머리에 이고 나르셨다. 가끔은 오빠들이 양철

양동이에 물을 길어서 부엌으로 나르며 어머니를 도왔다.

   우리 집은 병원을 겸했기에 항상 사람들로 북적였다. 새로 나온 신문을 보기 위해 2시마다 병원에 찾아오는 사람도, 겨울에는 난롯불을 쬐며 짜장면을 시켜서 먹고 가는 사람도 있었다. 입원실이라고 부르던 두 방은 언제나 바둑을 두는 손님들로 가득했고, 아편 중독자가 찾아와 아편 주사를 놓아 달라며 행패를 부리기도 했다. 간호부가 따로 없던 시대라 작은아버지와 외사촌 오빠가 의사인 아버지의 조수 역할을 했다.

   아버지의 병원 진찰실에는 책상과 침대가 있었다. 책상 위엔 청진기와 메모지, 달력, 인주, 안경 등이 놓여 있었고 겨울이면 연탄난로가 방 한가운데를 차지했다. 어릴 적 나는 아버지의 의자에 앉아 뱅글뱅글 도는 재미로 시간을 보내기도 했다.

   셋째 오빠는 사범학교 악대부였는데, 축구 시합이 열릴 시기가 오면 악대부는 병원 안집의 넓은 마당에 모여 응원가를 연습했다. 마당을 가득 채운 악대부가 삐삐빼빼 악기 음을 조율하던 소리가 지금도 귀에 쟁쟁하다.

나의 어머니

어머니는 피마자기름을 발라 가르마를 탄 머리에 비녀를

꽂아 틀어 올린 전형적인 조선의 여인상이었다. 키는 작았고, 이마가 넓고 동그스름한 얼굴은 복스럽고 예뻤다. 무학(無學)이었던 어머니는 글자를 알지 못하셨다. 그런데 기억력은 어찌나 좋으신지, 우리들의 생일과 집안 제삿날을 모두 외우고 계셨으며 복잡한 숫자 계산도 순식간에 하셨다.

어머니는 우리 집 맞은편에 살았던 동강대학교의 설립자 이장우 씨의 부인과 친했다. 이장우 씨의 부인은 어머니와 대비되는 뚱뚱한 거인이어서, 동네 사람들은 이장우 씨 부인과 어머니를 두고 서방과 각시라고 불렀다. 이장우 씨 집 옆집은 석유를 파는 기름집이었다. 어머니와 이장우 씨 부인, 기름집 부인까지 세 사람은 곧잘 모여서 화투를 치고는 했다. 어릴 적 화투를 치는 어머니의 무릎을 베고 꿀잠을 잔 기억이 여전히 남아 있다.

이장우 씨와 우리 아버지는 친한 친구였다. 덕분에 집에 목욕탕이 없던 우리 집 식구들은 종종 이장우 씨의 집에 가서 목욕했다. 지금 생각하니 그 목욕탕이 있던 자리가 지금의 동강대학교 건물이 선 땅이 아닌가 싶다. 목욕탕 문을 열면 짙은 수증기가 눈앞을 가렸고, 큰 가마솥 밑에서는 장작불이 활활 타올랐다. 바닥에는 물이 잘 빠지는 나무판자 발판이 넓게 깔려 있었다. 목욕탕은 열 명도 들어갈 만큼 커다란 놋쇠 항아리였는데, 목욕할 때는 항아리 밑바닥 구멍을 막아 물을 채우고 다 씻고 나면 구멍을 열어 물을 비웠다.

　식구들이 한꺼번에 항아리에 들어가 동그랗게 앉으면 어머니가 우리의 때를 밀어 주고 머리를 감겨 주셨다. 제대로 씻지 못했던 우리의 머릿속에는 서캐와 이가 우글거렸다. 그래도 6·25전쟁 이후에 목욕탕에서 목욕할 수 있는 우리 식구는 상황이 좋은 편이었다.

　어머니는 의사의 부인이었으나 호강 한 번 못 하고 돌아가셨다. 대가족을 보살펴야 했던 어머니는 부엌데기 노릇을 하거나 호미를 들고 텃밭을 일구며 평생을 보내셨다.

　작은아버지의 실수로 병원에서 인명 사고가 발생해서, 우리 가족은 광주에서 창평보건진료소로 삶의 터전을 옮기게 되었다. 그때도 어머니가 가장 먼저 하신 일은 새로이 논과 밭을 일구는 일이었다. 어머니는 집에서 멀리 떨어진 밭에 목화를 심어 한 땀 한 땀 꿰맨 솜이불을 혼수 삼아 세 딸을 시집보냈다. 아버지가 창평중학교 건축을 위해 그 밭을 기증하셨을 때, 어머니는 펑펑 눈물을 쏟으며 흐느끼셨다.

　수돗물이 아닌 오염된 우물물과 펌프 물을 마시던 시대를 살아온 어머니는 헬리코박터균에 감염되어 위암으로 59세에 세상을 떠나셨다. 내가 큰딸을 낳은 해, 어머니가 선물로 사 오신 촌닭과 미역, 포대기가 나에게 주어진 어머니의 마지막 사랑이었다.

고순희

나의 아버지

나는 어머니보다 아버지를 더 좋아했다. 아버지께서는 "내 둘째 딸은 고추를 달고 나왔어야 했다."라는 말씀을 자주 하셔서, 나는 어린 마음에도 우쭐했다.

지금의 계림동 홈플러스 자리에 본래 경양방죽이라는 호수가 있었다. 경양방죽에서 익사 사건이 발생하면 아버지는 곧 전화를 받고 자전거로 현장에 왕진을 나가셨다. 사망 신고를 하려면 의사의 진단 소견서가 필요했기 때문이다.

"오지 마라잉, 오지 마라잉."

아버지가 만류해도 나는 아버지 자전거 뒤를 따라 죽을힘을 다해서 달렸다. 어린 딸을 떨어뜨리기 위해 빠르게 달리던 아버지는 결국 도중에 포기하고 자전거 뒤에 나를 태워 주셨다. 현장에 도착하니 물에 흠뻑 젖은 거적때기 아래로 발만 나온 시체가 축축한 잔디 위에 누워 있었다. 아버지는 나에게 호주머니에서 종이돈 1원을 꺼내 주며 사탕 사 먹으러 가라고 하셨다. 나는 그 돈으로 산 사탕을 빨아 먹으며 혼자 집으로 돌아왔다.

귀갓길에는 지금의 광주역 자리에 있던 태봉산이 보였다. 나는 현재 국립광주박물관에서 해설 봉사를 하고 있다. 관람객에게 아시아도자문화실에 있는 인조의 넷째 아들 용성대군의 태지와 태호를 설명할 때면, 옛 전남도지사가 태봉산 흙으로 경양방죽을 메워 버린 사건을 함께 이야기해 준다.

  일본은 조선을 삼키려고 임진왜란과 정유재란을 일으켰고, 그 후 300여 년이 지난 1910년에 결국 고종에게서 통치권을 빼앗아 조선을 식민지로 삼았다. 일본이 조선총독부를 세우고 조선 민족 말살 정책을 펴던 시기, 일제는 '거울 같은 호수'라는 의미로 '경호'라 불렸던 경양방죽을 시가지 개발이란 명목으로 매립해 버렸다. 일본이 무등산, 경양방죽 등 광주의 상징이었던 장소들을 망가트리려 하니 주민들은 투쟁 위원회를 꾸려 반발했다. 결국 주민들의 반대에 부딪혀 경양방죽은 2/3만 매립되었고, 내가 어릴 적에는 1/3만 남아 있는 상태였다.

  그런데 1968년, 내가 대학을 졸업하던 해에 광주시는 태봉산을 헐어서 경양방죽 1/3마저 메워 버렸다. 이로써 본래 태봉산에 있었던 용성대군 태호는 국립광주박물관으로 옮겨졌다. 광주의 문화유산 두 군데가 한 번에 사라진 것이다. 경양방죽 매립은 일제의 만행이라 치더라도, 태봉산까지 사라진 건 너무나 아쉽다.

  내가 전남여자중학교 무시험 입학 선발에서 떨어진 날, 아버지는 광주시 교육청에 찾아가 항의했다. 내 딸이 떨어진 근거를 내놓으라며 목소리를 높이신 아버지 덕분에 결국 다음 해부터 무시험 입학 제도가 사라지고 100% 시험

고순희

ⓒ 이유진

선발로 제도가 정비되었다.

　아버지는 사범 학교가 사범 대학으로 바뀌는 오랜 기간을 교의로 봉사하시면서 사친회장도 겸하셨다. 초등학교의 육군사관학교라고 불리는 광주교육대학부속국민학교에서 내가 근무하게 된 것도 아버지의 후광이 아니었나 싶다.

　아버지 병원 벽에는 예서체로 <숭덕광업(崇德鑛業)>이라고 쓰인 커다란 액자가 걸려 있었다. 아버지는 덕 있게 사신 분이셨다. 과거 시누이의 신행 때, 시아버님께서 내게 따라가라고 말씀하셔서 사돈댁에 갔던 적이 있다. 시누이의 남편은 전남대법대학장의 차남이었다. 사돈댁에 들어서니 어느 분이 나를 바깥사돈이 쓰시는 방으로 안내해 주었다. 책장으로 사방이 둘러싸인 어르신 방에 들어가서 인사를 드리자, 바깥사돈이 나에게 물으셨다.

　"고향은 어디이고 아버지는 누구시오?"

　"저의 고향은 광주이고 아버지는 고 대 자 규 자이십니다."

　"서방면 서석의원 원장이신가?"

　"예."

　"그분이 부러진 내 다리를 고쳐 주셨다. 나하고도 잘 아는 사이다."

　나는 그 이야기를 듣고 깜짝 놀랐다. 의사라는 직업이 왜 가치 있는가를 그때 깨달았다. 아버지는 평양에서 인민재판에 휩쓸렸을 때도 의사라는 직업 때문에 살았다고 하셨다.

　일본 그릇을 수집하는 취미가 있을 만큼 교양이 높았던 아버지는 붓글씨도 잘 쓰고, 한춤도 잘 추고, 북도 잘 치고, 노래도 잘 부르셨다. 아버지가 노후에 쓴 붓글씨는 전시회에 출품되었다. 아버지는 출가한 일곱 자식의 집마다 각자의 인생철학에 맞는 한문 붓글씨를 써서 나누어 주셨는데, 나에게는 <자아실현(自我實現)>이라는 글귀를 주셨다.

　아버지는 61세에 어머니와 사별하신 후 급격히 건강이 나빠지고 쓸쓸해하셨다. 젊은 새 아내를 맞이하고도 행복해하지 않고 재혼을 후회하셨다. 여동생의 첫아들 돌잔치 상에서 새어머니 옆에 앉아 흐느껴 우시던 모습이 지금도 생생하다.

　아버지 75세, 내 나이 38세일 때였다. 내가 근무하던 화순 이양초등학교의 운동회 날, 아버지가 나를 찾아오셨다. 딸이 보고 싶어서 오신 걸 알면서도 나는 지금은 바쁘니까 빨리 돌아가시라고 했다. 운동회는 모르는 동네 할아버지 할머니까지 오셔서 배부르게 먹고 가는 학교 잔칫날인데, 나는 아버지께 점심 대접할 생각도 하지 못했다. 아버지는 결국 끼니를 거르고 차에 오르셨다.

　아버지는 그로부터 한 달 남짓한 후인 음력 9월 21일에 돌아가셨다. 나는 비보를 듣고 털털거리는 통학 버스 안에서 입을 틀어막고 오열했다. 백미러로 나를

고순희

지켜보던 운전기사가 차를 멈추고 손수건을 꺼내서 나에게 건네주었다. 아버지는 하늘에서 이 불효한 딸년을 용서하셨을까.

선생님의 편애

국민학교를 졸업한 후, 나는 광주사범대학부속중학교에 진학했다. 중학교는 남녀 각각 두 반으로 나뉘어 있었다. 나는 중간 놀이 시간이면 학교에서 입학 선물로 하나씩 나눠 준 배구공을 가지고 놀았다. 푸른 하늘을 향해 토스도 하고, 언덕배기에 대고 서브도 넣었다. 날로 실력이 늘어 갔고 체육 선생님과 담임 선생님도 자세가 멋있다며 칭찬해 주셨다. 나는 신이 나서 중간 놀이 시간만 기다리며 더욱 열심히 배구를 했다.

그러던 어느 날, 체육 선생님이 공을 잘 다루는 학생들을 가려 뽑으셨다. 나도 그중 하나여서 뛸 듯이 기뻤다. 알고 보니 체육 선생님은 전남배구협회장이셨다. 독수리눈으로 우리를 지켜보다가 될성부른 학생들을 뽑아 배구부를 조직하신 것이었다. 그렇게 나의 중학 배구 선수 생활이 시작되었다. 배구부는 오전 수업만 받고, 오후에는 배구를 연습했다.

나의 1, 2학년 담임을 맡으셨던 음악 선생님은 배구부원 중 자신의 반이었던 학생 세 명을 특별히 예뻐하셨다. 정숙이와 나, 영자가 그 셋이었다. 선생님은 일요일이면 우리 세 명을 집으로 불러 피아노 레슨을 해 주셨다. 레슨이 끝나면 선생님과 우리는 광주공원으로 나들이를 갔다. 우리는 상냥한 사모님이 정성스럽게 싸 주신 달걀말이 도시락을 먹으며, 선생님의 어린 자녀 세 명과 함께 재미있게 놀았다. 우리 삼총사가 선생님과 오붓한 한 가족이 된 것만 같았다.

   그런데 2학년이 끝나고 3학년 담임을 발표하는 날이었다. 우리 세 명을 그렇게 사랑해 주시던 선생님이 정숙이만 자신의 반으로 데리고 올라가시고, 나와 영자는 4반의 강문수 선생님께 보냈다. 남겨진 우리 둘은 어린 마음에도 배신감으로 몸을 부르르 떨었다.

   반이 갈리고 난 다음 날, 영자가 약을 먹었다. 음악 선생님은 자전거를 타고 병문안을 가시고, 나는 걸어서 학동 영자네 집에 갔다. 친구는 누워 있었고 영자의 이모가 와서 조카를 보살피는 중이었다. 세 살에 어머니를 여읜 영자는 외삼촌 집에 붙어살고 있었다.

   그날 저녁, 나도 아버지 몰래 약방에서 활명수와 수면제를 샀다. 꽤 많은 양의 수면제 알을 한 번에 삼켰다. 그러나 다음 날 아침에 눈을 떠 보니 죽지 않고 살아 있었다. 친구를 따라 나도 그렇게 하는 것이 도리라고 생각했던 중학교 3학년 시절의 무서운 치기였다.

남편을 만나다

교육대학교를 다니는 동안 나는 대의원, 학보사기자, 단층문학동인 등 다양한 활동에 참여하였다. 그러나 1968년 3월 2일, 창평초등학교로 첫 발령을 받은 나는 쉽사리 학교 현장에 적응하지 못했다. 8과목이나 되는 교과서 내용을 가르치기도 바쁜데 환경정리 심사니, 특별활동 시간이니, 동화대회니 교내 행사가 참 많기도 했다.

그런데다 다달이 일제고사를 봤다. 그때는 학생의 능력은 성적으로, 교사의 능력은 학급 평균 점수 순으로 평가받는 시절이었다. 1968년 4월 일제고사 날, 나는 다른 반의 교실에 들어가서 시험을 감독했다. 나는 시험을 다 본 사람은 나가서 놀라고 안내했다. 수업 종료를 알리는 종이 아직 울리지 않은 시간에 운동장으로 나가 놀고 있는 학생들은 내가 감독을 맡은 반의 아이들뿐이었다.

그 반의 담임 선생님이 이 사실을 알게 되자 난리가 났다. 40분간 잡아 놓으면 몰래 친구 시험지를 훔쳐볼 수도 있고, 눈짓으로 힌트를 주고받을 수도 있고, 뒤늦게 답이 생각날 수도 있는데 그걸 내가 방해했다는 것이다. 내가 아이들에게 자유 시간을 주어 자기 반의 평균 몇 점을 깎아 먹었으니 이번 4학년 시험은 무효라며 교장 선생님께 항의하였다.

나는 교장 선생님 앞으로 불려 갔다. 교장 선생님은

뜻밖에도 나를 꾸짖지 않았다.

"잘했는데, 학생들을 내보내지 않고 40분간 끝까지 감독하는 선생님이 명교사인 거요."

그렇게 한마디로 타이르셨다. 교장 선생님은 웃으셨지만 나는 눈물이 나왔다.

오후에 같은 학년 담당 선생님들이 한자리에 모여 시험지를 채점했다. 미래에 나의 남편이 될 청년이 우리 반 시험지를 옮기는 것을 도와주었다. 교사로 발령받은 첫해에 남편을 만난 것이다.

나와 같은 학년을 담당하는 교사였던 남편은 성품이 유순하고 신중했다. 온실 속에서 자라난 화초 같은 느낌에, 제 앞에 놓인 감도 뺏기며 살 사람으로 보였다. 남편은 말수가 적고 수줍어서 곧잘 웃음으로 대답을 대신하고는 했다. 그러나 내가 자신을 두고 '꿔다 놓은 보릿자루'라고 말했다는 걸 알았을 때만큼은 반응이 달랐다. 남편은 나를 자기 교실로 불러놓고 선배에게 버릇이 없다며 혼을 냈다.

어느 수요일 오후, 남편이 작은 석작에 담긴 떡과 전을 가지고 나를 찾아왔다. 아직 앉으라고 말하지도 않았는데 내 책상 위에 앉더니, 남편은 흐느껴 울며 눈물로 나에게 고백했다. 나는 다 큰 남자가 눈물을 줄줄 흘리는 모습을 난생처음 보았다. 아! 얼마나 나를 사랑하면 저렇게 운단 말인가? 그 눈물에 나의 마음이 녹아내렸다. 남편은 내 성격이 명랑해서 자기 집 분위기를 확 바꾸어 놓을 것 같다고 했다. 그 칭찬이 나를 더 기분 좋게 만들었다.

   그런데 그 눈물의 진짜 의미를 결혼한 뒤에 알게 되었다. 남편은 나를 향한 사랑보다도, 자신의 가여운 처지에 취해 그렇게 한없이 운 것이었다. 그 눈물의 정체는 6·25전쟁이 휩쓸고 간 고향, 신문팔이 시절의 고생, 고모 댁에 얹혀살고 있는 상황, 종갓집은 제사가 버거워 처녀들이 시집오기를 기피한다는 점 등 자신의 처량한 신세에 대한 한탄이었다.

   남편의 눈물 고백이 있고 난 뒤, 시아버님이 학교로 찾아오셨다. 결혼식은 나중에 올리더라도 신행을 오면 좋겠다는 말씀을 교장선생님께 전하고 가셨다. 외아들의 나이가 삼십이 다 되어 가니 마음이 바쁘셨던 것 같다. 그러나 세 살 위인 언니가 시집을 가지 않았기 때문에 내가 먼저 결혼을 할 수는 없었다.

   우리가 연애한다는 사실이 집안에 알려지자 어머니는 하필 선생이냐며 두고두고 섭섭해하셨다. 그러나 남편이 퇴근길에 나의 친정에 들러 문안을 자주 올리자 인물도 좋고, 성씨도 좋고, 성실하다며 칭찬을 많이 하셨다. 2년 동안 연애를 이어 가던 우리는 1970년 2월 8일, 눈이 내리는 날 국제예식장에서 결혼식을 올렸다.

나의 시아버님

시아버님은 평생을 독서하고, 시조를 읊고, 시를 쓴 유학자이셨다. 시아버님의 고향 사람들은 비문(碑文)이나 축문(祝文)이 필요하면 광주에 올라와 시아버님께 글을 받아 갔다. 시아버님은 매일 새벽 5시가 되면 시조 한 편을 읊는 것으로 하루를 시작하셨다. 날마다 한시로 일기도 쓰셨기 때문에, 일기가 어느 정도 모이면 남편이 책으로 만들어 드리곤 했다.

신행이 끝난 다음 날부터 시부모님의 교육이 시작되었다. 두 분께서는 내가 대학 교육까지 받은 만큼 가르침을 잘 실천하리라 믿으셨다. 새벽 5시, 시어머님이 방문을 두드리시면 나는 무거운 눈꺼풀을 억지로 열고 일어나 세수하고 한복을 차려입었다. 추운 2월의 겨울이라 새벽부터 눈이 펄펄 내렸고, 마당에는 이미 덕석이 깔려 있었다. 시부모님은 사랑채 작은방에서 방문을 열고 기다리고 계셨다. 어떨 때는 두 분이 사이좋게 마주 보고 담배를 꾹꾹 누른 곰방대에 불을 붙여 뻐끔뻐끔 피우고 계시기도 했다.

나는 마당에서 남편을 따라 큰절을 올렸다.
"안녕히 주무셨습니까?"
"오냐."
자녀 된 자는 마땅히 부모님께 문안 인사를 드리고

하루를 시작해야 한다는 조선의 예도를 따른 것이었다.
그러나 시부모님은 내가 임신했다는 사실을 아신 후에는
문안을 올리지 않아도 된다고 하셨다.

학교에서 돌아오면 시아버님은 직접 쓴 한문 붓글씨를
벽에 붙여 놓고 계셨다. 오늘은 충효세업(忠孝世業), 내일은
청백가성(淸白家聖), 모레는 삼강오륜(三綱五倫)……. 이런
식이었다. 특히 '부위자강, 부위부강(父爲子綱, 夫爲婦綱)'
즉, 아비는 자식의 벼리가 되어야 하고 지아비는 지어미의
벼리가 되어야 한다는 말씀은 지금도 잘 기억하고 있다.

설 명절, 내가 문밖에서 세배를 드리고 방에 들어가
꿇어앉으면 시아버님의 말씀은 그칠 줄을 몰랐다. 나는
시아버님의 가르침을 다 따라잡을 수가 없었다.

언젠가는 이런 말씀도 하셨다.

"자식은 일곱을 낳아야 한다."

학교 일에 바빴던 내가 대답하지 않으니 다섯으로
줄이셨다. 결국 셋을 낳고 그만두자 시아버님도
포기하셨다. '둘만 낳아 잘 기르자'라는 구호가 유행하던
시기였다.

나는 큰딸을 낳고 한 달간 육아 휴직을 받았다. 그 시간
동안 시아버님은 나에게 가르치실 것이 많으셨다. 신위
1위, 신위 2위, 신위 3위를 모신 제사상을 그림으로 그려서
외우라고 하셨다. 초, 율, 시, 어, 육, 편… 생판 모르는
한자를 그림으로 보니 이해가 갔다. 첫째 줄 과일, 둘째 줄

나물, 셋째 줄 탕, 고기, 넷째 줄 국, 밥, 수저. 그리고 지방 앞에 술잔을 올린다는 것을 배웠다.

   큰딸을 낳은 지 이레가 지나고 나니, 시아버님은 이것을 잘라 보라며 큰 재단 가위와 갈색 한지, 남녀 상복의 견본을 나의 방에 넣어 주셨다. 장례식 상주복은 생마포(生麻布)로 만들며 상여 뒤를 따를 때는 지팡이를 짚고 아이고, 아이고 곡해야 한다고 말씀하셨다. 나는 시아버님이 주신 것이 꼴도 보기 싫었다.

   이렇게 예법에 철저하셨던 시아버님은 정작 본인이 돌아가신 후에는 상여가 아닌 장례식장 차로 운구되셨다. 시아버님은 내가 사표를 내고 시골의 전답을 관리하며 살림에 집중하는 효부로 살기를 원하셨으나, 84세에 돌아가실 때까지 소원을 이루지 못하셨다. 며느리인 나는 방학에도 연수를 받느라 집을 비웠고, 나중에는 진도로 좌천되기까지 하여 시아버님을 제대로 모시지 못했다. 결국 시아버님께서는 시어머님이 떠나신 후, 돌아가시기 전까지 식당에서 밥을 사 드셔야 했다. 효자인 남편의 고생이 이만저만이 아니었다.

   나는 장학사도 되어 보았고 교장으로도 근무했으니 직업적으로는 출세했지만, 시부모님께는 영원한 죄인으로 남았다. 직장 생활을 하지 않는 며느리를 얻으셨다면 시아버님은 천수를 누리지 않으셨을까.

나의 시어머님

시어머님이 안 계셨더라면 오늘의 내가 있을 수 있을까? 아마 홀로 아이 셋을 키우느라 사표를 내고 평생 살림만 하며 살았으리라.

시어머님을 한 글자로 표현하자면 어질 인(仁)이다. 말씀도 가만가만, 화를 내시는 일도 없었다. 일어나시면 맨 먼저 손을 씻고, 이를 닦고, 세수하고, 거울 앞에 앉아 가르마를 타서 머리에 쪽을 진 다음 부엌으로 가셨다. 전형적인 조선 사대부 여인상으로 키도 크시고 글도 잘 쓰시고 단술과 식혜도 잘 만드셨다. 시집온 나에게 깨알 같은 언문으로 쓰신 별주부전을 읽어보라며 선물하시기도 했다. 인자하고 따뜻한 시어머님은 나에게 또 한 분의 어머니였다.

나는 한 달간의 육아 휴직이 끝나면 아이들을 두고 학교로 돌아가야 했다. 아기가 젖을 먹어야 할 시간이 되면 시어머님이 핏덩이를 안고 학교까지 찾아오셨다. 세 아이가 모유를 먹고 클 수 있었던 것은 모두 시어머님 덕분이었다.

어느 날이었다. 시어머님이 한복으로 갈아입고 큰방으로 오라고 하셨다. 그 곳으로 가니 아랫목에 젊은 여자가 앉아 있었다.

"네 작은어머니시다. 절 올려라."

처음에는 아직 뵌 적 없는 집안 어르신일까 생각했다. 그런데 그분은 남편 되시는 분 없이 홀로 앉아 계셨다. 의아해하는 사이 시어머님이 말을 이으셨다.

"이 애는 네 시누다. 잘 보살피거라."

시어머님께서 가리키신 곳에는 세 살배기 여자아이가 철없이 놀고 있었다. 나는 그제야 시어머님이 두 분이라는 것을 알았다.

시어머님께서 하시는 말씀이, 작은어머니는 6·25전쟁 때 남편과 헤어지고 딸 둘을 데리고 시장에서 콩나물 장사를 하며 생계를 이어 오셨다고 했다. 사정을 딱하게 여긴 내 남편이 그분을 시아버님의 첩으로 모셔 온 거였다. 작은어머니도 가문 좋은 유학자인 시아버님 밑에서 농사지으며 안정적으로 사는 편이 콩나물 장사를 하는 것보다 나았으리라.

시댁은 전답이 많아 그것만으로도 충분히 먹고살 수 있을 정도였다. 작은어머니는 준적골에서 농사를 지어서 수확물을 광주로 나르는 노비노릇을 하셨다. 작은어머니가 아니었다면 내가 직장을 그만두고 하게 되었을 일이었다. 나에게는 참으로 고마운 분이셨다.

작은어머니에게는 전남편과의 사이에서 낳은 '명옥'이라는 딸이 있었다. 명옥은 중학생이라서 하얀 칼라가 달린 교복을 입었는데, 코가 오똑하고 얼굴이 너무 예뻐서 나는 그 아이를 '오뚜기'라고 불렀다. 명옥도

"새언니, 새언니" 하며 나를 무척 따랐다.

그런데 어쩐 일인지 명옥은 마주칠 때마다 찬물을 꿀꺽꿀꺽 마시고 있었다. 마셔도 마셔도 배가 부르지 않는다고 했다.

"새언니, 나는 허천병이 났나 봐."

어린애가 가난한 부모를 만나 못 먹고 못 입어서 모진 병에 걸린 것이었다. 6·25 전쟁이 할퀴고 간 자국이었다.

어느 날 퇴근했는데 명옥이 보이지 않았다. 시부모님께 여쭈어 보니, 아이가 죽어서 시아버님이 수의를 곱게 입혀 묻고 왔다고 하셨다. 그날 시어머님께서는 저녁 진지를 거르셨다.

"어머니, 저녁 안 드셔요?"

"밥이 넘어가겠냐?"

푸른 신록이 너무나 슬프게 보인 날이었다.

서서 잠을 자다

부속국민학교 교사들은 아침 일곱 시 반에 출근하여 오후 아홉 시에 퇴근했다. 우리는 배달 음식으로 저녁을 때우고 밤늦도록 수업 반성 협의회를 했다.

나는 젊다는 이유로 무용 특별 활동을 담당하게 되었다. 당시 내가 근무하던 학교는 전통적으로 호남예술제에서 합창, 합주, 무용 세 분야에서 최고상을 받아 왔다. 나는 막중한 부담감을 안고 서울과 대전으로 무용을 배우러 다녔다. 방학 때도 쉬지 못했고, 봄이면 저학년 3, 40명 군무 지도를 하다 보니 해마다 목이 쉬었다. 이런 노력 덕분에 나는 체육 주임이 되어 1981년에 제4차 교육과정 체육교과서 편찬위원으로 발탁되었다. 나의 <움직임 익히기> 수업을 녹화하고 방영하기 위하여 EBS 촬영진이 서울에서 찾아왔다. 교장선생님께서 그 많은 사람들을 며칠간 대접하셨다.

   어느 날, 일본의 선진학교시찰단이 우리 학교에 방문하여 수업을 참관했다. 그런데 바로 그 전날이 내 시댁 제삿날이었다. 제삿날에는 시골 친척들이 와서 증조할아버지를 극진히 모시었다. 캄캄한 저녁, 11시면 쌀을 안쳐 밥이 다 되는 동안 진설하고, 자정이 되면 소등하고 촛불을 켰다. 초헌, 아헌, 종헌이 끝나고 음복을 한 후 설거지까지 마치고 나니 동이 트고 있었다. 결국 나는 밤을 꼬박 새우고 곧바로 출근했다. 몽롱한 정신으로 일본 시찰단을 맞이하고는, 나는 그만 선 채로 잠이 들고 말았다.

   나는 그해 가을에 교감 자격시험을 치렀다. 시아버님은 암탉이 울면 날이 새지 않는다며 시험을 포기하라고 하셨다. 여자가 남편을 앞서서 좋을 게 뭐 있느냐며 시어머님도 말리셨다. 그 말에 나는 아이들을 두고 집을 나왔다. 나는 학교 앞에서 자취하는, 교생실습반에서 알게 되었던 여학생 집으로 책을 옮겨놓고 공부에 집중했다.
　결국 나는 당시 여자로서는 최연소인 36세의 나이로 교감 자격시험에 합격했다. 라디오 인터뷰가 들어와 나의 목소리가 전파를 탔다. 그러나 정작 집에서는 기뻐해 주는 사람이 없었다. 오직 친정아버지만이 축하하며 말씀하셨다.
　"5급 사무관 시험에 붙은 것과 같으니, 앞으로는 탄탄대로일 것이다. 교장도 하고 교육장까지 해라."

해외 연수

　내가 교감 자격증을 딴 것은 교사 경력 14년 만이었다. 그러나 나는 자격증을 따고도 십 년 동안 교감 발령을 받지 못했다. 교감 발령을 기다리며 교사로 근무하던 십 년 동안, 어느 학교에 가도 내 수업 능력은 최고로 인정받았다. 장학사 방문 때 시범 수업은 언제나 내 몫이었고, 운동회 단체 무용도 내가 전 학년을 맡아 가르쳤다. 5년간 무대 무용을 가르치다 보니 운동장 매스게임은 누워서 떡 먹기였다. 나에게는 자모 댄스, 부채춤, 소고놀이, 화관무, 링, 포크댄스 등 수많은 종류의 무용을 녹화한 음악 테이프가 있었다.
　1988년에는 광산촌 한천초등학교로 옮겨 갔다. 88 서울 올림픽이 끝난 후, 나는 조선일보가 주관한 초중고 교사

선진지 시찰 일정에 추천 받았다. 초, 중, 고 교사 250명이 일본에 있는 우리나라 관련 유적도 찾아보고, 교사로서의 안목을 넓히기 위한 시찰이었다. 도로를 걷는 사람들의 옷차림에서는 근검이 보이고, 교복에서는 단결이 보였다. 목적지 입구에 물, 귤, 사탕 등을 비치하고 저금통 하나만 덩그러니 놓아둔 모습에서는 국민의 정직성이 보였다.

   교사가 된 지 24년 만에 영광 백수서초등학교의 교감으로 발령받았다. 통근을 위해 자가용도 샀다. 포장도로가 드물고 꼬불꼬불한 비포장도로가 대부분인 시대였다. 호남대학교에서 밀재를 넘으면 길은 더 꼬불꼬불해졌다. 간밤에 눈이 내린 다음 날 아침 출근길, 차 대여섯 대가 눈 속에 박혀 있는 모습을 보는 건 흔한 일이었다. 산등성이 옆에 쌓인 눈은 오후에도 녹지 않았다. 나는 교사 셋을 태우고 출근하다가 커브 길에서 전봇대를 들이박아 며칠간 입원을 한 적이 있다. 언젠가는 감기약을 먹고 출근하다가 나무를 들이받기도 했다. 죽지 않고 살아 있는 것은 조상 덕이다.

   백수서초등학교 교감으로 근무한 지 2년 뒤, 나는 함평교육청 장학사로 발령받았다. 무척 행복했다. 장학사 3년 차에는 인성 교육 연구 보고서 대회에서 전국 1등을 해서 푸른기장(한국교원단체총연합회가 주관하는 연구대회와 자료전의 1등급 대상자에게 수여하는 상)을 받았다. 나의 지인부터 전국의 동료 교사들이 내 보고서를 복사해 갔다.

재능을 나누는 재미는 정말 쏠쏠했다.

　나는 우수 장학사로 뽑혀서 그 이듬해 도 교육청이 주관하는 유럽 선진지 시찰을 다녀왔다. 영국, 네덜란드, 독일, 오스트리아, 스위스, 이탈리아, 프랑스 7개국을 11박 12일간 둘러보는 일정이었다. 인천공항에서 출항한 비행기를 타고 영국으로 향했다. 중국을 지날 때는 비행기 창밖이 컴컴하더니, 유럽 부근에 다다르자 화려한 야경이 보였다.

　영국에 도착하고 가장 먼저 본 건물은 세계 최초로 의회 민주주의를 시행한 장소인 영국의 국회 의사당이었다. 템스강에서는 런던 브릿지를 지나는 유람선을 탔는데 체코에서 수학여행을 온 고등학생들이 손뼉을 치며 노래를 부르고 있었다. 무슨 말인지는 모르겠지만 애국가일 것 같았다. 이후 빅 벤, 런던 타워의 야경, 대영 박물관과 세인트 폴 대성당까지 둘러보았다.

　네덜란드는 경유하는 정도였는데, 관광버스 밖으로 보이는 집들이 동화 속 그림 같았다. 빨간 지붕에 흰 커튼, 녹색 정원에 울긋불긋한 꽃들, 담벼락도 대문도 없이 잔디 위의 네모진 집들이 아무리 달려도 계속 창밖에 펼쳐졌다. 집과 집 사이로는 빗물이 만든 물줄기가 흐르고 있었다. 안내자는 네덜란드엔 꽃을 키우지 않는 집이 없다고 했다. 독일로 건너간 후에는 쾰른 대성당으로 이동했다. 600년에 걸쳐 완성된 쾰른 대성당은 무거운 갈색을 띠어서, 그

분위기가 가히 위압적이었다.

　오스트리아에서는 학교를 방문했다. 마을 가운데 학교가 있었고, 운동장 대신 강당이 있었다. 교실은 소규모 그룹 학습에 알맞은 아담한 크기였다. 머리를 땋은 학생들의 파란 눈과 오똑한 코가 하나같이 인형처럼 예뻤다. 우리나라에서는 열린 교육이라고 교실 벽을 허무는 것이 추세였는데, 오스트리아의 교육 현장은 이미 그런 모습이었다. 이 나라에서는 가장 존경받는 직업이 교사라는 말도 들었다.

　이탈리아는 특별히 볼 게 많았다. 바티칸에 있는 성 베드로 대성당의 베드로의 무덤도 방문했는데, 내 큰아들의 세례명이 베드로여서 더 감명 깊었다. 토스카나에 있는 피사의 사탑에 가는 길은 유독 흑인들이 많았는데, 그들이 가죽 혁대와 모피 등을 사라며 몰려오는 바람에 우리는 도망갔다.

　르네상스의 선구자인 단테의 생가에서 단테의 여인들과 관련된 전시도 보았고, 바티칸의 시스티나 성당에서는 고개를 뒤로 젖혀서 미켈란젤로의 천장 벽화를 감상했다. 사람들이 어찌나 많은지 몸이 떠밀려 저절로 앞으로 나아갔다.

　불멸의 문화유산들을 보니 유럽이 왜 유명하고 부유한지 알 수 있었다. 그중에서도 딸이 감옥에 숨어들어 가 반역죄로 굶어 죽어 가는 아버지에게 젖을 물리는 그림이 특히 기억에 남았다. 작가가 누구인지는 잊어 버렸으나, 굉장히 인상적인 작품이었다.

다음 날 새벽 일찍 베네치아로 떠났다. 물 위에 뜬 나무 징검다리를 건너 산 마크로 광장에 도착했다. 성당을 둘러보고, 곤돌라를 따라 걷다가 골목골목을 산책하기도 했다. 여기도 사람이 만원이었다.

다음은 알프스 산맥의 융프라우를 보기 위해 스위스에 갔다. 버스가 달리는 동안 끝없이 펼쳐지는 푸른 언덕에서 풀을 뜯는 소 떼들의 모습을 보자 마음이 평온해졌다. 어느 장학사가 요들레 요들레 요들레이히 하며 요들송을 시작하니 모두 서툴게 따라 불렀다. 알프스 마을에 이르러 민박을 했다. 앞치마를 두른 아주머니가 뜨개질을 하다 말고 소금, 빵, 채소, 고기, 차로 저녁상을 차려 주었다. 이튿날은 케이블카를 타고 알프스 산맥을 정복했다.

프랑스에서는 개선문, 야시장, 베르사유 궁전을 보고 에펠탑에도 올라갔다. 우리 일행은 몽마르트르 언덕에서 뒹굴어 보고, 각자 자신의 얼굴과 배경을 그려 보기도 했다.

낮에는 이렇게 정신없이 구경을 다녔지만, 저녁을 먹은 뒤 씻고 잠자리에 누우면 집과 가족이 사무치게 그리웠다. 아! 이것이 향수병이로구나. 가족을 떠나서는 진정한 행복이 있을 수 없었다.

천년이 지나도 그대로일 것 같은 튼튼하고 예술적인 건물들이 유럽의 부를 보장하는 듯했다. 귀국해서 본,

우리나라의 빈 성냥갑처럼 불면 날아갈 것 같은 집들이 초라하기 그지없었다.

이희호 여사의 초대를 받다

나는 장학사로 6년간 일하고 나서 장성 북일초등학교 교장으로 발령받았다. 아직 여자 교장이 많지 않은 시절이었다. 나는 여자 교장 250명이 청와대 영빈관에서 이희호 여사와 담소를 나누는 행사에 초청받았다. 이희호 여사는 여성가족부를 두어 여성 인권을 보호하며 여성에게 남성과 동등한 사회적 지위 비율을 보장하고, 남존여비 사상을 없애는 데 앞장서겠다고 말씀하셨다. 스피커를 타고 흘러나오는 이희호 여사의 목소리는 80세라는 걸 믿을 수 없을 정도로 카랑카랑하고 힘이 있었다. 우리는 뜨거운 박수갈채를 보냈다.

나는 다음 해인 2001년 4월부터 4개월간 서울대학교 최고행정지도자 과정 교육을 받게 되었다. 전국에서 56명이 모였는데 여자는 7명뿐이라서, 우리는 '칠 공주'라고 불렸다. 나는 지금도 서울대학교에서 함께 교육받은 칠 공주와 주기적으로 부부 모임을 가지고 있다. 우리는 5박 6일 중국 연수도 함께 했다. 56명이 함께 찍은 사진들, 특히 백두산에서 애국가, 통일 노래를 불렀던 사진을 보고

이희호 여사와 함께, 둘째줄 우측 첫번째가 본인

있노라면 마치 가족처럼 느껴진다.

진도로 좌천되다

　서울대학교에서 교육을 마치고 돌아오니 북일초등학교에 난리가 나 있었다. 2학년에서는 학생 한 명이 교통사고로 사망했고, 3학년을 담당하던 모 교사는 신흥중학교 1학년 학생들에게 고발당해 있었다. 신흥중학교는 북일초등학교 졸업생들만 진학하는 학교였는데, 그곳은 급식을 운영하지 않았다. 그래서 나는 신흥중학교 학생들이 우리 학교에 와서 급식을 먹을 수 있도록 허락했었다.
　그런데 급식을 먹으러 온 신흥중학교 1학년 여학생들이 작년 6학년 때 담임만 보면 식판을 엎어버린다는 것이다. 신흥중학교의 교무부장이 학생들을 불러 왜 그런 행동을 했는지 써 보라고 했다. 제출된 글에는 3학년의 그 교사가 학생들에게 성추행과 성희롱을 했다고 쓰여 있었다. 내가 근무하지 않았던 작년에 일어난 사건이었다.
　나는 운영 위원을 소집하여 성폭행도 아닌데 교사의 모가지를 자르는 것은 너무하다고 말했다. 전교조에서는 교장을 학교 직원 중에서 뽑자는 슬로건을 내걸었다. 고통과 번민의 시간이었던 이 사건의 결과 해당 교사는 사표를 냈고, 나는 진도로 좌천되었다.

마침 둘째 아들이 진도에서 보건소장으로 일하고 있었다. 아들과 가까이 살 수 있게 된 것은 다행이었으나, 어머니의 불명예스러운 꼬리표는 아들에게 아무런 도움이 되지 못하고 오히려 해가 되었다.

미안하다. 그리고 고맙다

어린이 방송에 방영할 무용을 녹화하러 방송국에서 학교에 찾아오겠다고 한 날, 나는 초등학교 2학년 딸의 담임에게서 학교에 와 달라는 전화를 받았다. 정신없이 바쁜 가운데 나는 오후에 외출서를 쓰고 잠시 딸의 학교에 갔다. 딸의 담임은 여자였는데, 나에게 교실 벽에 붙여진 딸의 글을 읽어보라고 하였다. 글짓기 시간에 <어머니>라는 제목으로 쓴 글이었다.

'소풍 때 다른 친구들은 모두 엄마가 따라온다. 그런데 나는 한 번도 엄마가 따라온 적이 없다. 엄마는 항상 바빠서 할머니가 따라온다. 할머니만 혼자 낭자머리를 하고 한복을 입고 와서 창피하다. 친구들이 부럽다. 소풍이 없었으면 좋겠다. 우리나라에 여자 선생님이 없어졌으면 좋겠다.'

딸의 담임은 자신의 아이도 같은 처지라서 딸의 글을 읽고 울었다고 하였다. 그러나 나는 학교 일이 너무

고순희

현재의 나의 가족

걱정되어 슬퍼할 겨를도 없었다. 급히 돌아와 보니 그날 녹화 일정이 취소된 상태였다. 그때 나는 속으로 딸에게 이렇게 말하고 있었다. '나는 모른다. 자기 일은 자기가 알아서 해야 한다. 네 슬픔도 나는 몰라.'

 못 갈 학교, 못 갈 과가 없을 정도로 성적이 좋았던 큰아들의 꿈은 건축가였다. 그런데 나는 아들의 꿈은 생각지도 않고 의대에 가라고만 다그쳤다. 결국 큰아들은 아빠와 함께 서울대학교 건축과에 지원서를 쓰고 왔다. 건축가는 외국 유학이 필수라는 생각에 나는 무슨 수로 유학비를 댈까 하며 일주일을 앓았다. 그리고 기어코 현대건설에 근무하던 아들의 직장을 그만두게 하고 약대에 진학시켰다. 정말 미안하다. 꿈이 있으면 길이 있는 것을…….

 막내가 수능 시험을 보기 전날이었다. 나는 영광군에서 시행하는 교감 연수 일정이 잡혀 있었다. 기숙사 생활을 하는 막내에게는 엄마가 그리 필요치 않을 것 같아서, 나는 가벼운 마음으로 집을 떠났다. 그런데 수능 전날, 기숙사에서 특별한 날이라며 학생들을 집으로 보내주었다. 막내는 집으로 왔다가 엄마가 없어 다시 기숙사로 돌아갔다. 기숙사에서 막내는 밤새 잠이 오지 않아 거의 뜬눈으로 날을 지새웠다고 한다. 세수도 해보고 뜨거운

물로 샤워도 해보고 했지만 잠이 오지 않았다고 했다. 아! 나는 어미가 맞는 것인가. 아들이 수능 시험을 보는 날, 웬 출타인가. 나는 어미 자격이 없었다.

이런 와중에도 아이들 셋은 다들 학원 한 번 안 다니고 원하는 대학에 들어갔다. 지금은 각자 짝을 잘 만나 자식 낳고 잘 살아가는 세 아이가 대견하고 고맙다. 얘들아, 미안하다, 미안하다. 어미가 미안하다. 그리고 잘 자라주고, 잘 살고 있어서 너무너무 고맙다. 이제 와서 이 어미가 할 일은 기도밖에 없구나. 이 어미를 용서해다오. 이해해다오. 사랑한다, 사랑한다.

봉사자로 일하다

나는 2009년에 43년간의 교직 생활을 마치고 은퇴하였다. 2011년에는 나보다 먼저 퇴임한 남편이 봉사하고 있었던 국립광주박물관에 나도 해설 봉사지원서를 냈다. 보고서를 작성해 제출하고 교육받는 과정을 거쳐 어렵사리 합격했다. 그 이후 일요일이면 남편과 함께 국립광주박물관으로 출근하여 해설 봉사를 하게 되었다. 코로나가 창궐하기 전, 해 질 무렵이면 중국인 관광차 대여섯 대가 한꺼번에 들이닥치곤 했었다.

증조할머니, 할아버지를 모시고 등에는 젖먹이까지 업어 4대가 함께 찾아왔던 젊은 부부가 특히 인상적이었다.

인도, 아랍 여행객 중에는 일부러 관광 코스로 서울이 아닌 광주를 택했다고 말하는 분도 있었다. 광주가 이처럼 세계인에게 알려진 것은 5·18민주화운동 덕분일 것이다. 나는 박물관에 역사 교수와 교사, 교육단체 모임이 찾아올 때면 간담이 서늘해지곤 한다. 그분들 앞에서는 내 실력이 들통날까 봐 "제가 배우겠습니다."하며 레이저포인터만 들고 졸졸 따라다니기도 한다.

내가 교사로 재직할 시기에 역사에 좀 더 관심이 있었다면, 학생들에게 역사책을 많이 읽게 했을 것이다. 교장 생활 8년 동안 역사 관련 서적을 도서관에 더 많이 비치하고 필독 도서로 정하여 학생들이 읽도록 할 수 있었을 텐데, 지금 생각해 보면 너무 아쉬운 일이다.

나는 10년 이상을, 남편은 15년 이상을 박물관에서 해설 봉사를 해 오고 있다. 지난 겨울, 우리 내외는 제주도로 2박3일 동구청에서 보내 주어서 위로 연수도 다녀왔다. 뭐니뭐니 해도 남편과 함께 여행하는 시간이 가장 행복하다.

2013년부터 일주일에 이틀씩 참사랑지역아동센터에서 논술도 가르쳤다. 그곳에서 만난 아이 중 준영이라는 학생이 있다. 그 학생의 부모는 아들이 중학교에 입학한 후에도 나에게 계속해서 아들을 가르쳐 달라며 우리 집을 찾아왔다. 나는 중등 교육 전공이 아니고 초등 교육 전공이었기 때문에, "준영이는 이미 나한테 공부하는 방법을 배웠기 때문에 앞으로의 공부도 잘할 것이다."라며 준영이의 부모를 돌려보냈다. 하지만 지금은 좀 더 방향을 잡아줄 걸 그랬다고 후회하고 있다. 나의 겸손이 지나쳤다. 지금도 스승의 날이면 연락을 주는 옛 제자들처럼, 먼 훗날 참사랑지역아동센터에서 만났던 아이들도 한 번쯤 나를 찾아 주면 좋겠다.

러시아 소치 세계합창대회에 가다

 2016년 7월 18일, 동구청 여성 합창단 30여 명이 러시아 소치로 향하는 비행기에 올랐다. 2년마다 열리는 세계합창대회에 참가하기 위해서였다. 9박 10일 여정이었다. 도착 후 사흘간은 관광을 삼가고 숙소에 머물면서 합창 연습에 열중했다.
 76개국에서 300팀, 약 2만 8천여 명이 모였다고 들었다. 청주교회합창단, CTS장로찬양단, 대전유성구청팀 등 한국에서 온 팀도 많이 만났다. 대회는 챔피언부와 일반부로 나뉘어 진행되었는데, 우리 동구청 여성 합창단은 일반부에서 동상을 수상했다. 어느 나라 사람인지 알 수없는 의상과 피부색, 언어, 노래를 보고 들으며 지구는

ⓒ 이유진

넓고도 넓다는 것을 다시 한 번 느꼈다.

　러시아 최대 휴양지인 소치의 흑해와 해변의 풍경은 지금도 잊을 수 없다. 저녁 식사를 마치자마자 우리는 수영복을 챙겨 바다로 갔다. 해변은 번호를 붙여 칸칸이 구분되어 옷과 소지품을 놓을 수 있었고, 누워서 휴식하기 좋은 정자 같은 건물도 세워져 있었다. 바다의 수온이 적당하여 바다에 들어가면 저절로 힐링이 되었다. 기분이 최고였다. 밤에도 어두워지지 않는 백야 현상 덕분에 우리는 시간 가는 줄 모르고 노래하고 수영하며 바다에서 놀았다. 처음 만나는 외국인과도 보디랭귀지로 소통하며 친구가 되었다.

　우리는 모스크바, 블라디보스토크, 상트페테르부르크에서 붉은 광장, 굼백화점, 크렘린 성벽, 레닌의 묘, 푸틴의 사무실, 볼쇼이 극장 등을 관광하며 대표적인 사회주의 국가를 둘러보았다. 지금의 러시아는 너무 추워서 인간이 정착하기 어려운 곳이 많은데, 지구온난화로 인해 앞으로 가장 덕을 볼 국가라고 한다.

나는 지금

　일요일이면 목욕재계하고 성당 미사를 보러 간다. 계림동 성당에서 중흥동 성당으로 본적을 옮긴 지 2년째다.

이전에 다니던 곳에서도 성가대 활동을 했지만, 여기 중흥동 성당 체칠리아 지휘자님을 만난 뒤로 나는 다른 음악 관련 활동을 모두 접었다. 천사 같은 지휘자님의 사랑과 은총을 받으며 성당에서 특별 찬송을 배우고 성가 합창도 하니 다른 노래를 부를 필요성을 느끼지 못한다. 체칠리아 지휘자님을 만나게 된 것은 나의 축복이다. 찬양을 사랑하고 성악에 관심 있는 교우들이 모인 성가대. 그런 성가대는 하느님께 기쁘게 환호하며 성경을 공부하는 꽃자리이다. 지난 7월 10일 일요일, 나는 전영 안토니오 신부님 은퇴식에서도 성가를 멋지게 불러드렸다.

   성당은 성스러운 장소이고, 나를 새로이 태어나게 하는 곳이다. 성체를 받아 모시고 무릎을 꿇고 고개 숙여 기도하면 나의 두 눈에서 뜨거운 눈물이 흘러내린다. 그렇게 실컷 울고 나면 가슴이 후련해질 때도 있다. 내가 성전 앞에서 흘리는 눈물은 내 가족들에 대한 참회의 눈물이다. 세 자녀의 아픔을 나 몰라라 하며 자기 일은 자기가 해내야 한다고 수수방관한 적이 한두 번이던가. 아이들이 어미를 필요로 할 때 곁에 있어 주었던 적이 있었던가. 아이들의 밥상을 차린 기억도, 내의를 사 입혀 본 기억도, 보약을 지어 먹여 본 기억도 없다. 그런데도 우리 아이들은 부모 속 한 번 썩이지 않고 너무 잘 자라 주었다. 이 크나큰 선물에 고개 숙여 감사하고 감사할 따름이다. 나는 여생 동안 이제라도 어미와 아내의 노릇을 잘해

고순희

성가대 활동

보고자 한다.

자서전을 마치며

　해방과 6·25 전쟁 전후로 태어난 사람은 후손을 위해서라도 <전쟁의 후예>라는 제목으로 소설을 쓸법하다. 전쟁이 남기고 간 상처와 가난을 업고 살아가는 후손들, 바로 나와 남편 세대의 이야기를 담은 소설 말이다.
　나도 그와 같은 글을 써보고 싶었지만, 이번에는 지면이 부족하여 쓰고 싶은 이야기를 다 쓰지 못했다. 이 지면을 통해 오로지 가족을 위해 성실하게 살아온 남편에게 사랑한다는 말을 전한다.

신중식 申中植 이야기

저는 전라남도 고흥군 도화면에서
1952년 3월 25일(음력) 태어났습니다.

꿈을 좇아 쉬지 않고 달려온 시골
촌놈이 어느새 노년이 되어 아득한
흔적을 되새겨 봅니다. 잘 살아왔는지
가늠이 안 되지만 큰 후회가 남는
인생은 아니었습니다. 내 삶의
순간순간에 스쳐 간 좋은 인연들
덕택입니다. 무엇보다 대가 없이 응원해
준 내 가족들이 있었기에 제가 지금 이
자리에 서 있을 수 있습니다. 나는 지금
부족함 없이 행복합니다. 이런 봄날이
올 거라고 꿈도 꾸지 못했습니다. 내가
가지고 있는 많은 것을 사회에 환원할
수 있는 날을 기다리고 있습니다.

가족에게 보내는 한마디

내 삶의 가장 큰 행운은 우리 가족을 만난 것이다. 가족은 신앙과 같다. 무조건 이해하고, 부족할 때 채워 주고, 남으면 함께하고, 공감할 수 있는 사람이 되거라. 돈은 뜬구름과 같은 것이다. 돈이란 없으면 안 되지만, 너무 많아도 불행할 수 있다. 금전에 욕심을 부리면 삶은 어느 순간 자기도 모르게 송두리째 망가지게 된다.

내 인생의 키워드

학창 시절에는 "노력 그리고 인내야말로 쓰라린 인생을 광명으로 이끄는 참된 안내자이다. 살아서 굴욕을 받으니 보다 차라리 분투 중에 쓰러짐을 택하라." (알기 쉬운 삼위일체-안현필)를, 사회인이 되어서는 "진인사대천명(盡人事待天命, 사람으로서 할 수 있는 최선을 다한 후 하늘의 뜻을 기다린다.)"을 가슴에 품고 살았습니다.

'역마살이 나의 운명일까?'라고 생각할 때가 있다.
어디론가 떠나지 않으면 숨이 막힐 듯한 느낌을 받기도
한다. 그럴 땐 지체 없이 어디론가 떠나야 직성이 풀린다.
어디론가 떠나는 것, 그것은 외로움에 익숙했던 내가
만들어 낸 하나의 해방책이다. 우울과 고독이 나를 에워쌀
때 자연의 품 안에서 나는 위안을 받는다.

나는 산을 타거나 솔향기 짙은 오솔길을 걸을 때
행복하다고 느낀다. 피곤도 잊은 채 발걸음을 옮긴다.
비로소 그 길의 끝자락에 서면 생각을 가다듬고, 새로운
에너지로 활력을 찾는다. 지금도 종종 조용한 곳으로
카메라를 메고 떠난다. 내 인생은 하나의 여행이었다.
삶에 지칠 땐 자연으로, 자연의 끝에서는 다시 일상으로
돌아와서 새로운 것을 기약했다.

비봉산 자락 어린 시절

나는 고령신씨 시중공파(高靈申氏 侍中公波) 25대손으로
아버지 신관우(申琯雨)와 어머니 박서진(朴瑞珍)의
무녀독남으로 태어났다. 누나가 한 분 계셨지만 부모님
얼굴도 못 보고 먼저 저세상으로 갔다고 한다. 나의
태(胎)자리는 전라남도 고흥군 도화면 봉룡리 1034번지다.
우리 마을은 1950년대만 해도 약 80가구가 모여 사는

제법 큰 동네였다. 한쪽에는 가파른 비봉산 등성이가, 다른 쪽에는 넓은 평야와 작은 시내가 시야에 들어와서 전망이 좋았다.

아버지는 과묵하신 편이었다. 어머니와 함께 가난한 살림을 일으켜 자수성가하셨다. 농업용수가 부족하던 시절, 논에 물을 대기 위해서는 밤새 물을 사수해야 했고 이는 이웃과의 다툼으로 이어졌다. 이웃과의 관계 때문에 아버지가 많이 힘들어하셨다. 잘 마시지도 못하는 술을 마셔 가면서 농사일 하셨던 모습이 눈에 선하다. 어머니는 일밖에 모르는 지독한 일꾼이었다. 새벽 동트기도 전에 밭에 나가 거름을 주고 채소를 가꾸는 것이 어머니 인생 최고의 즐거움처럼 보였다. 뜨거운 오뉴월 햇볕을 이겨 내며 스무 마지기 밭을 혼자 경작하셨다. 어머니는 모르시겠지만 나는 이런 어머니에게 '흙순이'라는 별명을 지어 주었다.

어린 시절에 나는 연날리기, 썰매 타기, 딱지치기, 팽이 돌리기, 자치기를 하며 놀았다. 나는 그중에서도 연날리기를 가장 좋아했다. 음력설부터 보름까지 연을 많이 띄웠는데, 눈보라가 몰아쳐도 추운 논 한가운데서 코를 질질 흘리며 저녁 땅거미가 드리울 때까지 연을 날렸다.

집에서 초등학교까지 가는 길은 십 리(4km)나 떨어져 있었다. 포장이 안 된 길이어서 자동차가 지나갈 때 자갈이 튕기고 먼지가 일었다. 나는 구름 같은 먼지를 피해

신중식

© 김수빈

논둑길로 도망갔다가 먼지가 흩어지면 다시 넓은 길로 돌아오곤 했다. 무엇보다 무명옷으로 겨울을 나는 것이 너무 고통이었다. 추운 겨울날 등하굣길에 눈보라라도 만나면 꼼짝없이 추위를 온몸으로 받아야 했다. 비가 오는 날이면 나는 우산이 없어서 비료 포대나 곡식을 담았던 포대를 머리에 뒤집어쓰고 다녔다. 바람이 앞에서 불면 포대가 뒤집히니 뒷걸음으로 걸었다. 그렇게 애를 썼는데도 온몸이 흠뻑 젖은 채 학교에 도착하기 일쑤였다. 어려운 환경에도 불구하고 개근상과 정근상을 타는 친구들이 많았는데 돌이켜 보면 참 대단한 학구열이었던 것 같다.

　나는 어릴 때부터 손이 건조하고 마디가 곧지 않아서 다른 사람에게 보여 주기 창피했다. 5학년 때 담임 선생님은 예고 없이 용의 검사를 하시던 분이었다. 손발도 함께 검사했는데 손발에 때가 있으면 새까만 먹물을 종아리와 팔에 칠해 놓고 전교생이 모여 있는 운동장에서 단단히 창피를 주었다. 창피를 당하는 날엔 집에 와서 쇠죽을 끓인 물에 손발을 담가 놓고 돌과 짚으로 뿌드득뿌드득 피가 나도록 밀었다. 아무리 밀어도 먹물 자국이 쉽게 사라지지 않았다.

　중학교 1학년 때 부드럽고 예쁜 손을 가진 친구가 있었다. 나는 볼 때마다 부럽다고 생각하다가 어느 날 용기를 내서 물었다.

　"야 장우야, 네 손은 어떻게 하면 이렇게 부드럽냐?"

신중식

"야 이거 간단해. 아침에 일어나자마자 소변을 받아서 삼 일만 씻으면 부드러워져."

친구의 말을 듣고 일주일 동안 소변을 받아 손을 씻고 마사지를 해 봤지만 소용없었다. 지금 생각해 보면 참 어처구니없는 일이지만, 그 당시에는 조금이라도 부드럽고 예쁜 손을 가지고 싶었던 것 같다.

학교 수업이 끝나면 같은 동네 친구들과 달리기 선수가 되어 학교를 빠져나왔다. 우리는 가방에서 들리는 딸그락, 딸그락 빈 도시락 소리에 발맞춰 십 리를 걷고 뛰며 마을로 돌아왔다. 배가 고프면 갈아 놓은 논에 던져 놓은 고구마를 찾아서 깎아 먹었는데 지금도 친구들과 그때를 떠올리면서 웃곤 한다. 땅거미가 질 무렵, 굴뚝에서 모락모락 피어오르는 연기가 산허리를 휘감아 도는 마을 풍경이 마치 한 폭의 동양화 같았다.

어느 날 학교 수업을 끝마치고 집에 가려는데 앞이 안 보일 정도의 장대비가 쏟아졌다. 나는 우산도 없고 학교 가까이에 아는 집도 없는데 집까지 가려면 십 리 길을 걸어야 했다. 눈앞이 캄캄했다. 지금처럼 전화기가 있던 시대가 아니라 누구에게 연락할 수도 없으니 비를 맞을 수밖에 없었다. 어쩔 수 없이 터벅터벅 빗속으로 발을 내딛었다. 십 분쯤 걸어 산허리를 돌 때쯤 빗줄기가 더 세졌다. 천둥 번개가 요란을 떨기까지 하니 벼락이라도 치면 죽겠구나 싶었다. 가방 속 책들이 젖거나 말거나 어떻게든 집으로, 집으로 가는 것이 내가 할 수 있는 최선이었다. 평소에도 신발을 벗고 바지를 걷어 올린 채 건너야 하는 냇물인데 불어나서 건너지 못한 탓에 이십 리를 넘게 우회해야 했다. 무섭기도 했지만 우직한 성격 탓인지, 비를 맞는 순간 희열 같은 것이 마음 깊은 곳에서 솟아올랐다. 이상한 감정이 나를 지배하는 순간이었다. 그렇게 한 걸음, 한 걸음 내디뎌 비 맞은 장닭 꼴이 되어 집에 도착했다. 나를 보자 어머니는 "아이고 내 새끼, 어떻게 이 비에 왔냐?"라고 울먹이셨다.

고흥 촌놈, 광주로 유학 오다

광주는 나에게 익숙한 곳이었다. 작은아버지가 살고 계셔서 몇 번 와 봤고, 초등학교 때 수학여행으로 오기도 했다. 고흥에서 살림을 일구고 살아오신 부모님은 좌고우면하지 않고 아들 하나 공부시키겠다고 살림을 정리하고 광주로 이주하셨다. 광주에서 처음 자리 잡은 곳은 지산동 조그마한 주택의 상하방이었다. 널찍한 시골집에서 살다가 비좁은 남의 집 상하방에서 지낸다는 것이 부모님에게 얼마나 기가 막히는 일이었을까 싶다.

더군다나 그 집은 네 가구가 다닥다닥 모여 총 13명이 함께 사는 곳이었다. 무더운 여름이면 악취가 진동했고,

폭우라도 내리면 침수되어 집 안이 물바다가 되기도 했다. 한 번도 경험하지 못했던 참담한 환경이었다. 그 뒤로도 다른 집 상하방을 전전하다가 내가 군대를 전역하고 나서야 우리는 방림동 외곽에 조그마한 오두막을 마련할 수 있었다. 힘든 와중에도 부모님은 나에게 한 번도 경제적인 어려움을 드러내지 않으셨고, 어머니께선 배움이 짧아 한글도 읽지 못했지만 강한 생활력으로 우리 가정을 일궈 내셨다. 어머니는 그 어려운 환경에서 계란이라도 팔아 나의 공부를 위한 뒷바라지를 해 준 분이시다.

나는 광주기계공업고등학교 기계과에 진학했다. 입학하고 한 달 정도 지나자 기계과에서 배우는 것이 적성에 맞지 않다는 것을 깨달았다. 하지만 부모님께 차마 학교를 그만두겠다고 말할 수 없었다. 3학년 2학기가 되자 나는 친구와 함께 학교 인근 독서실에 가서 진학 공부를 하기로 했다. 3학년 때 실습이 많아져서 온종일 공장에서 실습했는데, 우리는 한 시간 정도 실습하는 척하다가 학교 담을 넘어 독서실로 향했다. 어떻게 알았는지 담임 선생님은 귀신같이 우리를 찾아냈고 학교로 끌고 가서 야단치기 부지기수였다. 선생님은 "너희들은 추직(담임은 취직이라 하지 않고, 꼭 추직이라 했다.)을 해야지 무슨 대학이냐?"라며 핀잔과 벌을 주곤 했다. 나는 이런 여건 속에서 열심히 공부했다. 그리고 그해 대학예비고사에 합격했다. 그러나 욕심이 컸던지 서울대학교 공과대학 시험에서 낙방했다. 이후 친구 셋과 중앙기상대에 취직 시험을 봐서 합격했다.

첫 발령지였던 농업관측소에서 나는 하루에 몇 번씩 기온, 풍속, 풍향 등을 재는 단순 업무를 했다. 선임자 한 분과 교대로 근무했는데 얼마 지나지 않아 언제 그만둘까 하는 생각이 들었다. 한 달 정도 지나서 제주측후소로 옮겼는데 기상 관측과 일기예보를 방송국에 통보해 주는 제법 비중 있는 업무였다. 그 시절 월급이 18,000원이었다. 하숙비가 14,000원이었으니 남은 돈으로 회식하거나 술이라도 마시면 매달 적자였다. 나는 빠듯한 월급으로 살아가며 대학 진학을 결심했다. 4개월 근무하고 6월 말에 사표를 썼다. 사무실 직원들은 왜 좋은 직장을 그만두냐고 말렸지만 나는 뒤도 돌아보지 않고 서울에 있는 대성학원에 등록했다.

중학교 때부터 내 좌우명은 "노력 그리고 인내야말로 쓰라린 인생을 광명으로 이끄는 참된 안내자다. 살아서 굴욕을 받으니 차라리 분투 중에 쓰러짐을 택하라."였다. 이처럼 목표가 세워지면 좌고우면하지 않고 그것을 해낼 때까지 밀고 나갔다. 그러나 서울 생활은 여의찮았다. 서울에서 한 달 정도 지내다가 광주로 돌아와서 독서실과 학원에 다니며 5개월 정도 준비하여 전남대학교 사범대학에 합격했다.

신중식

대학생이 된 나는 자유롭게 생활했다. 친구들과 막걸리를 마시며 가벼운 토론과 고민, 불투명한 미래에 대한 이야기로 매일 밤을 지새웠다. 사범대학동아리 프런티어에서 지금의 아내를 만났다. 첫인상은 조용하고 수줍은 듯했지만, 예의 있게 사람을 대하는 모습이 좋았다. 아내의 고향은 정읍시 고부면이었는데 중고등학교를 서울에서 졸업해서 고향엔 친구가 없다고 했다. 친구가 없다는 아내에게 이런저런 도움을 주고 함께 이야기를 나누다 보니 우리는 어느새 가까워져 있었다. 그 당시 우리는 주로 편지로 이야기를 나눴다. 약속을 잡거나 놀러 가고 싶을 때는 "오후 5:00 다방에서 만나." 또는 "11일(토요일), 19:00, 구역 6번 버스 주차장으로 나와." 같은 식이었다.

대학 시절 나는 KUSA(한국유네스코학생연맹) 동아리에서 친구들과 사회생활을 익히고 많은 선후배를 사귀었다. 잠시라도 떨어져 있으면 못 살 것 같은 친구가 세 명 있었는데, 졸업을 앞둔 어느 날 우리는 새로운 기분을 내기 위해 자주 마시던 막걸리가 아닌 맥주를 마시기로 했다. 옛날 제일극장이 있던 자리 건너편의 맥줏집에 갔다. 한참 마시고 일어서려는데 술값이 부족했다. 누군가 손목에 차고 있는 시계를 맡기자는 의견을 냈다. 네 개의 시계를 모아 술값으로 맡기고 나온 우리는 서로의 얼굴을 쳐다보고 웃었다. 이후 시계를 찾았는지 기억나지

신중식

천은사 프런티어 동아리 MT

않는다. 졸업 기념으로 우리 넷은 『사우(四友)』라는 책을 발간했다. 각자 직장에 들어가면 바빠질 테니 대학 생활 4년간의 우정을 기념하려는 일종의 고별연 같은 것이었다. 우리는 며칠 동안 직접 철필로 원지에 글을 쓰고 등사기로 밀어서 책을 발간했다. 그 당시에는 인쇄 값이 비싸서 손수 제작해야 했다. 등사하고 나면 옷이며, 손발, 심지어 얼굴까지 잉크가 묻어 시꺼멓게 더러워졌는데, 꼬질꼬질해진 서로를 쳐다보며 한참 웃곤 했다.

사회라는 바다 속에 뛰어들다

    1976년 3월 5일, 나는 완도교육청 관내 중학교로 첫 발령을 받았다. 학교에 출근하고 학생들이 선생님이라고 불러도 내가 누군가를 가르치는 사람이 되었다는 것이 믿기지 않았다. 교무실에서 선생님들이 "신 선생."하고 부르니 그제야 내가 선생이 되었다는 것을 실감했다.
    옛날에는 모든 학교에 가정 방문 기간이 있었다. 학생의 가정 환경 상태를 살펴보며 지도에 참고하기 위함이었다. 그때는 자가용이 없어서 하루에 몇 번 다니지 않는 버스를 타거나 학생들 자전거를 빌려서 타고 다녔다. 가정 방문 3일째 되던 날, 나는 학생을 따라 한참 걸어 어느 호젓한 산길로 들어섰다. 정장에 구두를 신고 시골 자갈길을 걷는 것이 고되기도 하고 이상한 느낌이 들었지만, 일단 그냥 따라가 보았다. 한참을 가도 집 한 채 보이지 않는 산길이었다. 나는 학생에게 따지듯 남은 거리를 물어보기도 했으나, 되돌아오는 답은 "선생님, 조금만 더 가면 됩니다."뿐이었다.

  결국 우리는 완도에 있는 상황봉 중턱까지 올라갔다. 오르고 보니 학생의 집은 산 중턱 평편한 곳에서 조그마한 목장을 하고 있었다. 날마다 이런 험한 길을 오르내렸을 테니 나는 그 학생이 정말 대견하다고 생각했다. 나는 그 학생의 어깨를 껴안으며 "야 너 정말 대단하다."라고 위로해 주었다.

  학생의 부모님이 정성으로 차려 주신 술상에 앉아 학생 이야기부터 목장 이야기까지 이런저런 담소를 나누었다. 가정 방문을 마치고 나올 때 학부모님께서 꼭 가지고 가라며 달걀 몇 개를 쥐여 주셔서 감사하게 받아 양쪽 호주머니에 넣고 나왔다. 걸음을 재촉하여 뛰다시피 내려왔는데 중간쯤에서 사고가 났다. 축축한 느낌이 들어서 보니, 달걀이 깨져서 호주머니 안에 흥건하게 고여 있었다. 발령받고 처음 맞춘 단벌 양복인데 내일은 무엇을 입고 출근해야 하나 근심이 눈앞을 가렸다. 더욱 아쉬웠던 것은 학부모님이 주신 선물인데 그분의 성의가 허망하게 된 것이었다.

신중식

학교에서 4개월간 근무하고 입대했다. 당시 여자 친구였던 아내는 목걸이를 선물받고 싶어 했다. 아내의 바람을 무심코 지나쳤다가 원망 섞인 투정을 받고서야 싸구려 목걸이를 사 줬다. 지금 생각해 보니 아내는 나와 멀리 떨어져 있을 때의 연결고리가 필요했던 것 같다. 그때 나는 선물의 의미를 전혀 몰랐다. 누가 가르쳐 주지 않으니 모를 수밖에 없었지만 여전히 미안한 마음이 남아 있다. 지금 같으면 아내에게 최고로 좋은 것만 해 줄 수 있을 것 같은데 후회만 든다.

대한 군인이 되다

1976년 7월 2일, 나는 논산으로 가는 열차에 몸을 실었다. 열차 안에서부터 군인들은 신병의 군기를 잡는다고 큰 소리로 난리를 쳤다. 군대에서의 자유 없는 삶이 실감나는 순간이었다. 저녁밥으로 건빵을 받으니 나도 모르게 눈물이 주르르 흘러내렸다. 퍽퍽한 건빵이 입으로 들어갈 리 없었다. 입영 열차에 탄 대부분의 청년들이 건빵을 들고만 있었는데, 그 모습을 본 군인들이 비웃으며 "배 속에 기름기가 끼었으니 건빵이 들어갈 리가 없지? 두고 보자 얼마나 견디는지."라고 말했다. 다음 날 새벽 4시쯤 논산 연무대역에 내리니 비가 보슬보슬 내리고

있었다. 마음속에 울분이 넘실대는데 보슬비까지 내리니
나는 더 울컥했다. 즐겨봤던 영화 <콰이강의 다리>에서
포로들이 줄지어 병영으로 들어가듯 우리도 질서 정연하게
서서 훈련소까지 비를 맞으며 걸었다. 가는 길에 남루한
사람들이 모여 건빵을 달라고 손을 내밀었다. 우리는 먹다
남거나 뜯지도 않은 건빵을 던져 주었다.

   어느 날 훈련소에서 창고 사역을 하는데 일등병 기간병이
"야 신중식 훈련병 이리 와."라고 말했다. 어떻게 내 이름을
아는지 의아했다. 나는 바싹 긴장한 채 눈도 마주치지
못하며 거수경례했다. 손을 내리자 기간병이 씩 웃으며 "야,
중식아. 나야 나, 승배."라고 말했다. 고개를 들어 얼굴을
보니 전남대 KUSA(한국유네스코학생연맹)에서 죽자 살자
붙어 다니던 친구 승배였다. 이런 척박한 곳에서 친구를
만나니 반갑기도 하고, 대학교 시절의 추억이 생각나서
눈시울이 붉어졌다. 승배는 자기가 관리하는 창고로 나를
데리고 가서 안부를 물으며 쉬게 해 줬다. 승배는 항상 몸이
약했는데 군대에 와서 어엿한 군인이 되어 있었다.

   내가 자대 배치 받은 곳은 전투병과교육사령부
예민참모부였다. 광주 상무지구에 있었던
전투병과교육사령부 건물은 내가 일등병이던 시절에
신축되었다. 엄동설한에 새벽 4시부터 뚜껑도 없는 군용
트럭을 타고 송정리 비행장에서 잔디를 퍼다 이식하는
작업을 몇 달 동안 했다. 땅이 얼어서 삽괭이가 들어가지

않는 허허벌판에서 살을 에는 새벽 눈보라를 맞으며 견뎌야 했다. 사연 많은 군대에서 33개월간 생활하다가 제대했다. 전우들과 다시 만날 것을 약속하고 나왔으나 아직 그때 그 사람들을 만나지 못하고 있다.

다시 선생님이 되다

1979년 3월, 정기 인사에서 나는 곡성으로 복직 발령을 받았다. 그리고 그해 9월, 나와 아내는 결혼식을 올렸다. 평생 나 혼자 살 것 같았는데, 아내는 나에게 든든한 반려자이자 동반자가 되어 주었다. 아내 덕분에 척박한 집안에 향긋한 꽃이 핀 것 같았다. 우리는 옥과에 신혼살림을 차렸다가 얼마 지나지 않아 학동에 조그마한 오두막에서 부모님과 함께 살았다.

1982년, 나는 영암 신북면으로 발령받았다. 신북에서 근무하는 내내 좋지 않은 일들이 연달아 생겨서 힘들었다. 미신을 믿지 않지만 신북은 나와 맞지 않는 곳이라는 생각을 떨치기 어려웠다.

1984년 겨울, 숙직하는 날이라 따뜻하게 연탄불을 피우고 잠들었는데 새벽 3시쯤 정신이 혼미하고 속이 메스꺼워 눈을 떴다. 팔다리에 힘이 빠지고 속이 울렁거려 구역질이 나왔다. 화장실로 가야겠다는 생각밖에 없었다.

방향도 가늠하기 어려운 밤중에 죽을힘을 다해 화장실로 기어갔다. 눈물이 주르르 흘러내리고 온몸이 축 처졌다. 토하고 대소변을 해결한 후, 정신을 차려 보니 같이 잠들었던 동료 교사가 생각났다. 황급히 뛰어가서 깨우니 그분은 정신을 못 차렸지만 나처럼 심각하지 않았다. 아마 그때 깨어나지 못했다면 나는 영원히 잠들었을 것이다. 지금 생각해 보면 살아남은 것이 신의 뜻 같다.

다음 날, 나는 수업을 생각할 겨를도 없이 집으로 와서 김칫국을 마시고 요양했다. 그 시절에는 연탄가스에 중독되면 김칫국을 먹어야 괜찮아진다는 속설이 있었다. 병원에 가 볼 생각은 못했다. 이처럼 나는 살면서 몇 번의 죽을 고비를 넘겼지만 지금까지 잘 살아남았다.

죽음의 시련은 또 한 번 찾아왔다. 1984년 4월에 나는 큰 수술을 받았다. 가슴이 답답하고 호흡하기가 어려워서 병원을 찾았는데, 시내 병원에서 흉부외과에 가 보라고 말했다. 전남대병원으로 가서 진료를 받았으나, 그곳에서 치료는 해 주지 않고 시내에 있는 개인 병원에 가 보라고 했다. 소개해 준 병원에서 왼쪽 폐에 혹을 떼는 수술을 받았다. 열악한 시설과 신뢰할 수 없는 무명 병원에서 목숨을 담보로 수술받는 순간이었지만 내겐 달리 믿거나 의지할 만한 사람도 없었으니 운명에 맡기는 수밖에 없었다. 절체절명의 상황에 부딪히면, 나는 운명을 하늘에 맡긴 채 죽으면 죽는 것이고, 살면 덤을 얻는 것이라고

신중식

딸들과 함께 가족여행

생각했다. 그러면 마음이 편안해졌다. 다행히 죽지 않고 살아서 한 달 정도 입원 후 퇴원했다.

   힘든 상황 중에도 학생들이 나를 잘 따라 주어서 위안이 되었다. 1984년 5월엔 큰딸 지영이가 태어났다. 불행한 시간이 봄 눈 녹아내리듯 사라지는 순간이었다. 폐 수술 후유증으로 딸의 출산을 기다리는 것이 쉽지 않았지만, 출산 소식을 듣자 언제 아팠냐는 듯이 기뻤다. 똥오줌조차 아름답게 보이고 냄새도 싫지 않았다. 나는 마냥 행복했다. 다음 날 출근을 앞두고도 저녁에 몇 번이나 깨서 아이에게 우유를 먹이고, 기저귀를 갈아 주었다. 피곤함을 느끼지 못했다. 한 생명이 나에게 그리고 우리 가정에 희망을 준 것이다. 둘째 딸 지수는 지영이가 태어나고 3년 후인 1987년 10월, 내가 순천 승남면에서 근무할 때 태어났다. 아내는 체력이 약한 편이었지만 출산 과정에서 큰 어려움을 겪지 않았다.

   행복은 어디에 있을까? 사람마다 다르겠지만 내게는 아이들이 커 가는 모습을 보는 것이 가장 큰 행복이다. 무엇보다 가장 가슴 벅찬 순간은 아이들의 입에서 갑자기 언어가 터져 나올 때였다. 작은 생명은 성장하며 생명의 위대함을 증명한다. 내 자식과 소통을 시작했던 순간의 행복은 어느 무엇을 주어도 바꿀 수 없는 순간으로 남아 있다.

© 김수빈

400리 뱃길에서 길고 험난한 생각들

2001년 3월 2일은 가거도 입지로 떠나는 날이었다. 전날 밤, 나는 오지 않는 잠을 청하며 자리에 누웠으나, 미지의 섬에 대한 두려움과 다짐 같은 것들로 뒤범벅이 되어 제대로 자지 못하고 아침을 맞았다. 아침도 먹는 둥 마는 둥 하고 목포를 향해 차를 몰았다. 동이 트지 않은 새벽 공기를 가르며 가거도행 8시 배를 타기 위해 액셀을 밟아 댔다. 목포 여객터미널은 떠나는 사람들로 북적거렸다. 전문직으로 승급하는 시험에서 세 번 낙방한 후 나는 지쳐 있었다. 다른 사람들보다 남다른 감회로 배를 탔다. 헝클어진 심신을 치유해야겠다는 일념으로 육지를 떠났다.

누구의 위로도 도움이 될 것 같지 않았다. 그때 나는 패배자처럼 세상을 등지고 있었다. 가족들을 뒤로하고 전쟁에 나서는 군인처럼 비장한 심정이었다. 피난민 보따리 같은 배낭을 둘러메고 유배(流配) 가듯 쾌속선에 몸을 실었다. 1시간 정도 지나자 비금·도초에 이르렀다. 비금·도초를 지나니 주변 섬들은 보이지 않고 망망대해로 접어들었다. 섬들이 보이지 않으니 두려움이 크게 엄습해 왔다. 파도가 높게 일어 배가 많이 흔들리고 바다의 물살과 하늘이 반복해서 보였다. 금방이라도 배가 뒤집힐 것 같았다. 여기저기서 두려움에 찬 신음이 터져 나왔다.

내 앞자리에 앉은 젊은 여자는 "아이고 하나님! 아버지!

살려 주십시오!"를 연달아 외쳤고, 사람들이 쓰레기통을
보듬고 토하는 모습이 여기저기 보였다. 나는 두려운 마음을
억누르며 눈을 지그시 감았다. 여기서 배가 뒤집히면 주변에
대피할 곳도 없으니 꼼짝없이 물고기 밥이 되겠다는 생각이
들었다. 나는 이미 삶을 포기하고 있었다. 살아야겠다고
아무리 발버둥 쳐도 내 마음대로 할 수 없었기 때문이었다.
마음을 놓으니 오히려 편안해지고 늙으신 어머니, 집사람,
어린 딸들이 눈앞에 어른거렸다. 눈에서 눈물이 스르르
흘러내렸다.

　그렇게 또 한 시간이 지났을까, 주변에 섬들이 보이기
시작했다. 섬들을 보니 조금 안심이 되었다. 안내 방송에서
다물도라고 했다. 십여 분 더 가니 흑산도에 도착했다.
창밖에 큰 섬들과 많은 배들이 내 눈에 들어왔다. 배가
부두에 정박하자, 나는 배 난간으로 나와서 낯선 섬의
공기를 가슴 속 깊이 들이마셨다.

　아! 이곳이 그 유명한 흑산도구나. 가수 이미자의
노래에서나 알았던 흑산도가 눈앞에 펼쳐지자 감상이
끓어올랐다. 주변의 아름다운 풍경은 보이지 않고,
부서지는 파도와 함께 좌절로 얼룩진 절박함과 역겨움
같은 부정적인 감정이 내 마음속에서 소용돌이쳤다. 나는
흐르는 눈물을 감추며 약해지지 않으려고 스스로를 달래야
했다. '흑산도 아가씨'를 속으로 불러 봤다. 육지가 얼마나
그리웠으면 육지를 바라보다 검게 타버렸을까? 그 머나먼

서울을 그리다가 검게 타 버린 흑산도 아가씨를 생각하는 사이, 여객선은 어느새 흑산도를 벗어나고 있었다. 여객선은 가거도를 향해 나아가고 뱃고동이 힘차게 울려 댔다.

    흑산도와 가거도 사이에 있는 상태도, 중태도, 하태도를 지나며 나는 꾸벅잠에 들기를 반복했다. 뱃길은 조용했다. 그러다 누군가 "가거도다!"고 외쳤다.

가거도에서 보낸 첫날 밤

    나는 여객선에서 내려 종선(從船)이라는 작은 배를 갈아타고 가거도에 닿았다. 사방을 돌아봐도 낯선 이국땅 같다는 생각을 지울 수 없었다. 산과 물마저 낯설게 느껴지는 이곳에서 어떻게 살아갈 것인가 걱정이 앞섰다. 점심을 먹기 위해 어느 식당으로 들어갔는데 이게 어찌 된 일인가? 배가 요동칠 때 "하나님, 아버지 살려 주세요!"하고 간절히 기도했던 40대 여자분이 내 앞에 앉아 있는 것이다. 그녀는 가거도에 함께 발령받은 유치원 선생님이라고 했다. 식당에서 만난 학부모님들의 따스하고 융숭한 환영에 긴장되고 초조했던 마음이 봄 눈 녹듯 말끔히 사라졌다. 밖으로 나오니 가거도의 따스한 햇살이 가슴 속을 파고들었다. 녹섬과 회룡산, 장군봉이 바다와 조화를 이루어 아름다웠다. 배도 부르고 날씨도 따뜻하니 피곤함이 한꺼번에 밀려와 눈꺼풀이 자꾸 떨어졌다.

경치를 보니 섬 구석구석을 보고 싶은 호기심이 생겼다. 초봄이라 아직 쌀쌀한 날씨였음에도 불구하고 계단을 오를 땐 땀으로 흠뻑 젖어서 참 개떡 같은 기분이었다. 나는 마음을 달래려고 애썼으나 또다시 부정적인 마음이 치밀어 올라 도저히 참을 수가 없었다. 그러나 어쩌겠는가? 수양하는 기분으로 나를 다스려야 했다. 숨이 차서 더 이상 오를 수가 없을 땐 멈춰 서서 아래를 내려다보며 '이제 이렇게 생활해야 하구나.' 하고 혼자 되뇌었다.

관사에 들어가 보니 참으로 난감했다. 벽에 있는 주먹만 한 못이며 거미줄, 먼지가 떡이 되어 있는 꼴을 보니 눈물이 앞을 가렸다. 피곤을 풀 여유도 없이 옷을 벗어젖히고 이곳저곳을 청소하고 못을 박았다. 그런데 문제는 일주일 전에 우체국 택배로 부친 생활필수품들이 하나도 도착하지 않은 것이었다. 취사 용품뿐만 아니라 저녁에 덮고 잘 이불도 없어 곤란했다. 여유 있게 도착하도록 십여 일 전에 우송했으나, 날씨가 좋지 않아 도착이 미뤄진 것 같았다.

식사를 동료에게 가서 얻어먹고, 저녁 늦게까지 방을 정리하고 나니 몰려오는 피로를 참지 못하고 잠에 들었다. 그런데 외풍이 너무 심해서 창문은 덜컹거리고 사방에서 바람이 들어왔다. 어떻게 알았는지 동네에서 가게를 하는 학부모님이 이불을 가지고 오셨다. 하나가 해결되니 또 하나가 문제였다. 아무리 기다려도 방이 따뜻해질 기미조차 보이지 않았다. 이불로 온몸을 감싼 채 열한 시가 넘고 열두 시 가까이 되어도 방에서 티끌만큼의 온기를 느낄 수 없었다. 보일러가 들어오지 않아 바닥이 얼음장처럼 차가웠고 그런 곳에선 잠을 잘 수 없었다. 관사는 두 세대가 함께 살게 되어 있는데, 보일러는 한쪽 부엌에만 설치되어 있어서 내 방 부엌에는 보일러가 없었다. 염치 불고하고 옆집 문을 두드렸다. 옆방 선생님은 여객선 안에서 "아이고 아버지 하나님!" 하시던 유치원 선생님이었다. 내가 자초지종을 설명하면서 보일러 밸브를 확인해 주면 좋겠다고 이야기했더니 그녀가 보일러를 틀어 주었다. 그런데 몇 시간이 지나도 따뜻한 기미가 전혀 보이지 않았다. 나는 오들오들 떨면서 어두운 방 한구석에서 만감이 교차하는 감정을 삭였다. 이미 새벽에 가까운 시각이어서 더 이상 옆집 유치원 선생님을 깨울 수가 없었다. 창틀을 흔들어 대는 요란한 바닷바람은 더욱 나를 힘들게 했다. 대책이 없으니 조금만, 조금만 더 기다리자며 이불을 둘둘 말고 추위를 견뎠다.

　닭이 울고 날이 밝아 오기 시작했다. 어느 가수가 부른 '울려고 내가 왔나'라는 유행가가 절로 입에서 흘러나왔다. 눈물도 나고, 화도 나고, 이렇게까지 먼 곳에 와야 했을까 하는 자괴감도 들었다. 가거도에서 보낸 첫날밤은 추위와 눈보라, 휘날리는 바람 소리와 함께였다. 3월 초였지만 가거도의 날씨는 육지의 한겨울 날씨 같았다. 그때는

신중식

악몽이었지만, 지금은 평생 잊지 못할 추억이다. 다음 날 유치원 선생님과 부엌 온수 배관을 살펴보니 밸브가 완전히 잠겨 있었다. 선생님이 잠결에 여는 대신 잠가 버린 모양이었다. 지나간 일을 어떻게 하겠는가? 우리는 서로의 얼굴을 쳐다보며 멋쩍게 웃었다.

화물선에 10시간 견딘 내 몸뚱이

2001년 3월 14일, 나는 가거도에 들어온 후 처음으로 화물선을 타고 출타했다. 여객선이 며칠째 결항되어 화물선에 승선한 사람이 상당히 많았다. 조그마한 객실에는 사람들로 꽉 차 있어서, 나는 화물칸 한구석에 널빤지를 깔고 자리를 잡았다. 모서리에 앉았으나 다리를 펼 수 없을 정도로 비좁았다. 조금 있으니 화물선이 방파제를 벗어났다. 파도가 치면 선체 일부가 바다에 한껏 잠겼다 나오기를 반복했고, 나는 그럴 때마다 두려웠다. 마음 같아서는 화물선에서 내리고 싶었으나 이미 출항했으니 그럴 수도 없었다. 처음 가거도에 들어올 때가 떠오르면서 이대로 목포까지 무사히 갈 수 있을까? 하는 걱정이 앞섰다. 화물칸의 추위, 시끄러운 기계 소리, 역겨운 생선 비린내를 싣고 배가 쉴 새 없이 진동하니 머리가 어질어질하면서 속이 메스꺼웠다. 바깥의 염소 똥오줌

냄새 또한 지독했다. 나는 속을 달래기 위해 밖에 나와서 찬바람으로 멀미를 달래곤 했다.

   가거도를 떠난 지 2시간이 지난 무렵부터는 추위가 점차 심해졌다. 나는 옷을 평소대로 가볍게 입었는데, 여벌 옷을 챙기지 않아서 추위를 견딜 수 있을까 걱정되었다. 그래도 밖에 나와 이리 뛰고 저리 뛰며, 어떻게든 추위를 견뎌 냈다. 구석에 웅크리고 앉아 눈을 붙이고 한참 지났겠지, 하고 시계를 보면 겨우 5분, 10분이 지나 있었다. 내 근처에 앉은 누군가가 강아지 한 마리를 데려왔는데, 그 녀석은 사람들 사이에 몸을 동그랗게 만 채 얌전히 자고 있었다. 우연히 녀석을 보다가, 강아지는 이 추위를 어떻게 견디는지 궁금해 한참 관찰했다. 강아지는 자신의 주둥아리를 몸 깊숙이 처박고 있었다. 나도 내 배낭을 가슴에 안고 깊숙이 입을 처박았다. 훨씬 나았다. 어느 정도 추위도 견딜 수 있을 만큼…. 그렇게 얼마간 잠을 잘 수 있었다.

   시간이 얼마나 지났을까, 눈을 떠 보니 밖이 어두워지고 있었다. 그런데 화물선은 아직 목포에 도착하지 않았다. 아마 지금 내 꼴이 TV에서 본 밀입국자들의 모습과 다르지 않으리라. 움직이기조차 비좁은 공간에 구겨 앉은 상태를 견디는 것도 한계였다. 날은 어두워졌으나 화물칸에는 전등도 없었다. 몇 시간 뒤에야 배는 목포 앞바다 해안 검문소에 도착했다. 그리고 삼십여 분을 더 지나 배에서 내릴 수 있었다. 도착했을 땐 저녁 10시쯤이었다. 바다

© 김수빈

위에서 10시간을 열악한 환경과 싸운 것이다. 배에서 내리자 칼바람이 파고들어 온몸이 덜덜 떨렸다. 저녁까지 굶었는데 차를 몰고 광주까지 한 시간을 더 가야 하니 막막했다. 식사를 해결할 식당이 있을까 해서 찾아봤지만 문을 연 곳이 없었다. 그래서 별 수 없이 광주로 향했다. 차에서 따스한 온기가 느껴지자 졸음이 엄습했다. 집에 도착하니 새벽 1시에 가까워지고 있었다. 참으로 길고, 힘들고, 많은 것을 생각하게 했던 12시간이었다.

    나는 살면서 이런 일을 겪으리라고 생각해 보지 못했다. 그리고 앞으로도 이와 비슷한 일을 다시 겪지 않으리라 장담할 수 없다. 그래도 힘든 여정 속에서 인고하는 법을 배워 내 마음을 다스릴 수 있었다. 모든 것을 버리고 가거도에 부임하던 날 내가 수평선을 바라보며 이미 했던 생각이 있다. 인간사 '새옹지마(塞翁之馬)'라고 했던가? 힘들고 어려워도 내 숙명인 양 나그네처럼 길을 가야지. 이런 계기가 좋은 보약이 될 수도 있을 것이라고 위안 삼아야지.

장모님이 돌아가신 날

    2002년 5월 25일, 나는 장모님이 돌아가셨다는 비보를 접했다. 장인, 장모님은 동네에서 슈퍼를 운영하면서 아들 둘을 박사까지, 딸 둘을 대학까지 졸업시켰다. 장모님은 초등학교 교사 생활을 하다가 결혼하여 전라북도 정읍 고부에 정착하셨는데, 바느질 솜씨, 음식 솜씨도 뛰어나셨지만 무엇보다 마음씨가 고운 분이었다.

   돌아가시기 4개월 전쯤인 어느 겨울날 장모님이 울먹이면서 전화를 거셨다. "신 서방, 혜경이를 잘 부탁하네. 그리고 혜란(처제)이도. 자네를 믿네."라고 말씀하셨는데, 지금 생각해 보면 당신께서 얼마 살지 못할 것을 예감하셨던 것 같다. 전화를 받고 바로 달려가서 무슨 일이 있는지, 왜 갑자기 울먹이시는지 알아봤어야 했는데, 돌아가신 후에야 무심한 내 성격에 가슴을 쳤다.

   장모님의 부고를 듣고 나는 막막했다. 태풍주의보가 발령된 탓에 당분간 여객선이 들어올 가능성이 없었기 때문이었다. 지역 사람들에게 연락해서 화물선이나 나가는 배가 있는지 알아봤지만 허사였다. 죽음을 무릅쓰고 사선을 타서 흑산도까지 가는 방법이 있었으나 요금만 200만 원이라고 했다. 흑산도까지 간다고 해도 또 목포까지 어떻게 가야 할지 눈앞이 캄캄했다. 계산해 보니 배 타는 시간만 꼬박 이틀은 더 걸릴 것 같았다. 내가 집사람에게 자초지종을 설명하니 아내는 무리해서 나오지 말라고 했다. 하루에 몇 번씩 바닷가에 서서 파도가 잦아들기를 바라는 것이 그 순간 내가 할 수 있는 유일한 방법이었다.

   이틀이 지났을 때 가거도 발전소장이 전화를 걸어

왔다. 해군경비정이 들어오니 승선할 수 있게 해 준다는 것이었다. 발전소장과 나는 가거도에서 알게 된 사이지만, 서로 성격이 잘 맞아 형제처럼 지냈다. 평소에도 학교에 관한 애로 사항이 있으면 그가 잘 해결해 주었다.

해군경비정은 저녁 9시쯤 도착했는데, 섬에서 2km 정도 떨어진 곳에 정착해 있어서 나는 도선을 타고 나가야 했다. 태풍 속에 배를 타고 2km를 나가는 것보다 더 위험한 건 캄캄한 밤중에 도선에서 해군경비정에 오르는 일이었다. 해군경비정과 도선 양쪽이 다 파도로 오르락내리락하니 안전한 순간을 잘 포착하여 해군경비정에 올라타야 했다. 해군경비정이 도선의 높이보다 10m 정도 높아서 발을 잘못 디디기라도 하면 배와 배 사이에 끼어 죽거나 바다에 나뒹굴게 되어 몹시 위험천만했다. 보트피플처럼 도선에서 어렵사리 해군경비정에 올랐으나 요동이 심해 속이 메스껍고 머리가 어지러웠다.

   해군경비정을 타고 다섯 시간쯤 지나니 목포 해군기지에 도착했다. 새벽 2시가 넘은 시간이었다. 내가 광주 집에 도착했을 땐 4시가 넘어 있었다. 잠깐 눈을 붙이고 익산 원광대학교병원 영안실에 도착하니 오전 10시쯤 되었다. 영정 앞에 재배하고 무릎 꿇으니 저녁 내내 힘들게 달려오며 쌓인 피곤함이 우르르 몰려왔다. 장모님의 영정 사진을 보니 참 곱고 우아한 모습이었다. 생전에 말이라도 따뜻하게 잘해 드릴 걸 그랬다는 바보스러운 후회들이 머리를 스쳐 갔다.

백수가 되다

　2004년 9월 1일, 나는 교감으로 승진했다. 2006년엔 세 번이나 낙방했던 교육 전문직 시험에 다시 도전하여 네 번 만에 합격했다. 전문직을 반드시 해야 하는 것은 아니지만 몇 번 낙방하니 오기가 생겼다. 무엇이든지 목표를 세우면 반드시 해야만 직성이 풀리는 성질이 여기에서 드러난 것이다. 나는 전문직으로 직급을 변경하고 2년 후에 교장이 되고자 했으나, 전라남도교육청에서 허락하지 않았다. 나는 진인사대천명을 생각하며 2008년 5월, 전문직 백두산연수단에 끼어 출국했다. 그때까지만 해도 발령 가능성이 없어 교장직을 포기하다시피 했다.

　연수 3일째 되는 날 연수단 일행은 학교 교과서에서나 신문, 잡지에서만 보았던 6·25전쟁 때 파괴된 압록강 철교와 북한 지역의 산하를 유람선에서 바라보고 있었다. 저곳도 우리의 영토인데 갈 수 없다는 현실에 만감이 교차하던 때 나는 전화 한 통을 받았다. 이번 9월 인사에 교장 승진 발령을 받을 수 있을 것 같다는 낭보였다. 순간 즐거움인지 허탈함인지 모를 감정이 치솟으며 눈물이 눈앞을 가렸다. 숨 막히게 달려 지나온 날이 한 편의 영화처럼 빠르게 뇌리를 스쳐 갔다.

  귀국하여 2008년 9월 1일부로 나는 교장이 되었다. 발령을 받아 3년간 근무하고, 2011년 9월 1일 담양고등학교로 옮겼다. 작은 학교에 근무하면서 마지막 교직 인생을 조용히 마무리하고 싶었지만, 발령받은 학교는 기숙사가 있는 일반계고등학교였다. 학생들은 대학 입시에 모든 것을 걸어야 하므로 항상 초조하고 여유가 없었다. 그래서 나는 2012년 5월부터 새로운 프로젝트를 도입했다. 학생들이 대입 준비에 시달리다 보면 감성이 메마르고 스트레스를 받기 쉬워, 학생들을 위한 해방책이 필요하다고 생각했다. 그래서 매주 수요일 저녁 식사 후 기숙사인 형설학사 앞마당에서 1시간 동안 교직원, 학생, 학부모, 지역민이 출연할 수 있는 가벼운 콘서트를 열기로 했다. 이름하여 '담양고 수요 콘서트'였다.

  첫 콘서트에서 내가 색소폰 연주를 하고 음악 선생님이었던 이재영 선생님이 성악을 불러 주었다. 이후에는 지역 사회 주민들이 출연해 주기도 하고 유명한 연주자를 초청했다. 이 프로젝트는 '예술 활동을 통한 학교와 지역 사회 간의 공동체 의식 함양은 물론 현대 사회의 본이 될 수 있는 선진적인 학교 문화 정착'에 기여했다고 일부 언론으로부터 극찬을 받았다. 전라남도 교육청과 각 학교에서 이 프로젝트에 많은 관심을 표했으며, 각급 교장들 사이에서도 이 프로젝트가 많이 회자되었다.

2014년 8월 31일, 38년 5개월 27일의 교직 생활을 마무리하고 나는 정년 퇴임을 했다. 정년 퇴임을 일주일 앞두고 그동안의 인연들을 한 자리에 불러 모았다. 예식장 홀을 빌려 뷔페로 저녁 식사를 대접하면서 '일운 퇴임 콘서트'를 열었다.

"찰나(刹那)의 순간이라도 제가 오늘에 이르기까지 함께해 주셔서 감사합니다. 나는 정년까지 버티지 못할 것 같았는데 순식간에 퇴임이 앞에 기다리고 있습니다. 여러분 덕분에 더없이 행복했습니다. 감사합니다."

나는 가수와 댄서, 색소폰 연주자 및 성악가들을 초빙해서 감사의 마음을 담아 1시간 30분 정도 공연을 열었다.

그동안 나는 소방방재청장 표창 1회, 한국청소년연맹총재 표창 및 훈장 1회, 교육인적자원부 장관 표창을 2회 받았다. 지금도 정기적으로 국제 난민을 위한 기부, 적십자 인도주의활동에 기부하고 있으며, 비정기적인 기부도 수시로 하고 있다. 그러한 덕택인지 대한적십자사 회장 금장 포장 1회, 은장 포장 1회를 수상하였고, 대한민국 홍조근정훈장을 받았다.

지금까지와는 전혀 다른 길을 가자

정년 퇴임을 하면서 굳게 결심한 것이 있다. 지금까지

살아왔던 삶을 반복하지 말자는 것이다. 새로운 세상에서 나는 세상이 얼마나 넓은지 눈으로 보고 온몸으로 부딪쳐 보고 싶었다. 이러한 다짐 앞에 몇 가지 생각한 것이 있다.

첫째, 지금까지 사회로부터 받은 혜택을 다시 사회에 환원해 주자. 곰곰이 생각해 보면 나는 사회나 국가로부터 많은 혜택을 받았다. 그런데 고마운 생각을 거의 해 본 적이 없다. 당연한 것으로 여겼든지 무관심했든지…. 그래서 2003년 3월부터는 '대한적십자사'의 '적십자 인도주의활동'에, 2012년 3월부터는 '유엔난민기구'의 '전 세계 긴급 구호 활동'에 정기적으로 기부하고 있다. 자연재해나 전쟁으로 힘든 사람들에게 일시적 후원도 하고 있다. 세상으로부터 받은 혜택의 일부를 돌려주기 위함이다. 나는 살아 있는 동안 이런 기부와 후원을 계속할 것이다.

둘째, 어려운 이웃을 도와주자. 나는 고아나 위탁된 청소년을 자식처럼 후원하고자 한다. 그런데 아직 기회가 오지 않은 것인지, 인연을 만나지 못했는지 실행에 옮기지 못했다. 훌륭한 성인이 되도록 후원하고 도움을 주어 한 인간이 자기 능력을 사회에 온전히 발휘할 수 있기를 희망하는데 앞으로 기회가 있으리라 생각한다.

셋째, 다시는 학교 근처에서 서성거리지 말자. 지금까지 나는 학교에서 거의 55년을 생활해 왔다. 초등학교 이전의 유년 시절과 정년퇴임 이후의 생활을 빼면, 내 인생 전부를 학교에서 보냈다. 후회 없는 삶이었지만, 한쪽만 바라보고 살아온 인생이 불구 같이 느껴질 때도 있다. 나는 학교가 아닌 또 다른 세계에서 살아 보고 싶었다. 그래서 선택한 것이 여행이고, 색소폰과 함께하는 팔자에도 없는 색소포니스트가 된 것이고, 카메라를 메고 산천을 떠도는 일이다. 요새는 오디오로 듣는 클래식 음악에 푹 빠져 있다.

삶은 무엇일까?

나는 살면서 '악기 하나쯤 다룰 수 있으면 얼마나 행복할까?'라는 바람을 항상 가지고 있었다. 그러나 여건이 여의치 않아 아쉬웠다. 그러던 2009년 어느 날, 나는 무슨 악기라도 배워야겠다 싶어 시내에 있는 실용 음악 학원을 모두 찾아다녔다. 내가 다룰 수 있는 악기가 과연 있을까? 의심하며 선생님들과 상담하고 조언도 받아 색소폰을 선택했다. 색소폰을 부는 사람들의 폼도 멋져 보였고, 나와 비슷한 연배들이 많이 하고 있어 자신감도 생겼다. 색소폰 학원에 등록하여 6개월을 배웠다. 그리고 나는 동호회에 들어가 동호회원들과 인터넷 강의를 통해 실력을 쌓아 갔다. 단독 주택 2층에 음악실을 차려 놓고 아침부터 저녁까지 힘이 다 소진하도록 색소폰을 불어 댔다. 주변의 이웃들과 가족에게 비난과 눈총도 많이 받았지만 나름대로 발전도 많았다.

아직 미숙했지만 그해 가을 무등산 수박 축제에서
동호회원들과 함께 무대에 섰다. 그것을 시작으로
병원의 환자들을 위로하는 기부 연주를 하고, 노인정이나
양로원에 가서 인생 황혼기에 있는 어르신들과 여러 차례
어울리기도 했다. 광주 효령노인복지타운을 두 번 방문하여
연주할 기회가 있었는데, 그곳에 모인 어르신들이 정말
좋아하시며 함께 목이 터져라 노래 불렀다. 허리띠를 풀어
나팔처럼 입에 대고 불던 어르신이 어찌나 신나 보이는지
그 모습을 잊을 수가 없다. 또 전국 곳곳에서 관광객이 모인
백양사 단풍 축제에서의 공연도 생생하게 기억난다. 담양
메타프로방스에서 열렸던 '소년소녀가장 돕기 자선 공연'은
힘든 사람들을 위해 무엇인가 도움이 됐다는 생각에
뿌듯한 시간이었다.

　　기억에 남는 공연 중의 하나는 화순 도곡에 있는
암 전문 요양 병원인 비오메드요양병원 기부 연주다.
비오메드요양병원은 암 환자들이 입원해 있는 곳이라,
공연자들은 언행과 표정 하나하나를 몹시 조심해야 했다.
공연 전에 병원에서 식사를 했는데, 생각보다 환자들의
표정이 밝고 생기가 있어 보여 다행이었다. 공연은
교회에서 나온 학생들과 함께했다. 나는 에어로폰으로
강은철의 '산포로 가는 길'을 선곡하여 연주했다. 환자들이
모두 일어나 흥겹게 손뼉을 쳐가며 합창했다. 연주가

끝나고 집으로 오는 길에 많은 것들이 뇌리를 스쳐
갔다. '오늘 내가 한 연주가 조금이라도 그분들에게
도움이 되었을까?'생각하며 나의 언행을 돌이켜 보았다.
정신질환자가 있는 병원에도 여러 번 가서 공연했고, 신체가
완전하지 못하여 스스로 몸을 가누지도 못하는 환자들과
마주하기도 했는데, 그날처럼 삶에 대해 깊은 생각을
해 본 적이 없었다. 한 치 앞도 내다보지 못하면서 서로
잘났다고 동물처럼 다투며 살아가는 인간의 모습이 허망해
보였다. '삶은 무엇일까?', '왜 이 세상에 나와서 힘들어하고
고통에 눈물 흘리는가?' 아무리 질문을 해도 명확한 대답은
생각나지 않았다. 생사일여(生死一如)라고 편하게 단정하고
싶지만, 그래도 무엇인가 명확하지 않다는 아쉬움이 남았다.
  '삶과 죽음이 별개가 아니라 하여 삶을 가벼이 여기고
포기하여도 좋다는 뜻은 아니며, 모든 존재의 무상함을
직시하고 집착과 탐욕에서 벗어나 현재의 순간을 한층
충실하게 살아가라.'는 불교의 생사관을 생각하면서
하루를 마무리했다.

여행과 사진에 미치다

  내가 여행한 국내 여행지 중 한 곳을 소개하고 싶다.
곡성 '태안사'는 찾는 사람이 적어 한가롭고, 조용하여 혼자

신중식

서유럽 여행

걷기에 최적이다. 유유자적 숲길을 30여 분 걷다가 절 바로 밑에 있는 '능파각' 정자에 앉아 계곡에서 불어오는 바람을 맞는 기분은 말로 형용하기 어려울 정도로 상쾌하다.

해외여행 중에서 기억에 남는 곳은 2019년 12월에 갔던 태국의 '콰이강의 다리'다. 제2차 세계대전 중 일본군과 연합군들이 치열한 전투를 했던 현장을 영화로만 보다가 실제로 현장에 서니, 포로들이 힘들게 다리를 건설하는 모습이 눈에 선했다. 그리고 중국의 '차마고도'다. 차마고도 여행은 2015년 5월 7일부터 5월 15일까지 8박 9일 일정이었다. 눈 덮인 5,000m 이상 높이의 설산과 해발 4,000m가 넘는 험준한 길과 협곡을 잇는 다리를 쥐가 나도록 걸으며, 나는 옛날 상인들의 흔적을 체험해 보았다. 2019년 3월 9일부터 3월 29일까지 남미를 여행했던 기억 또한 평생 못 잊을 것이다. 남미는 내 생애에 다녀올 수 있을까 반신반의했던 곳이었다. 체력의 한계를 시험해 볼 수 있는 좋은 기회였고, 밤하늘에 별빛 쏟아지는 우유니 소금 사막의 광경은 지금도 눈에 선하다.

지금도 나는 목마르고, 내 인생은 미완성이다

나는 정말 하고 싶은 것들이 많다. 그것은 순전히 욕심 많은 성격 탓일 수도 있고, 나이가 들면서 성질이 급해져서

그럴 수도 있다. 그래서 일상생활을 단순하게 하려고
노력한다. 일상생활에서 내가 지키려고 노력하는 것을
소개하고 싶다.

  1. 모르는 사람을 도와주자
  2. 작은 것에 감사하자
  3. 정신병이나 치매를 예방하자
  4. 다른 사람을 미워하지 말자
  5. 날마다 많이 웃자
  6. 멋진 광경을 많이 보고 감탄하자

   톨스토이의 '인생에서 가장 중요한 3가지'에서처럼 '현재', '지금 내 앞에 있는 사람에게', '최선'을 다하면서 남은 인생을 살고자 한다. 나의 인생은 많은 사람을 만나고 자연과 문화를 경험하기 위해 지구라는 혹성에 잠깐 왔다 가는 여행자의 삶 같았다. 인생을 어떻게 마무리할지 고민하는 것은 삶이 끝나는 순간까지 풀어야 하는 숙제일 것이다.
   내가 이 세상을 떠나는 날 아무 흔적도 없이, 누구에게도 알리지 말고 나의 사랑하는 가족들의 앞에서 랄프 본 윌리엄스(Ralph Vaughan Williams)의 '종달새는 날아오르고(The Lark Ascending)'를 들으며 눈 감고 싶다. 그때 내 머릿속에는 창공을 유유히 날아가는 종달새 한 마리만이 선명할 것이다.

김성호 金成鎬 이야기

나는 전남 나주군 문평면 북동리 상하(갈마지) 555번지에서 1946년 11월 21일에 태어났습니다.

혼자 맞는 아침이 쓸쓸하지만 새들이 나를 깨우고 꽃이 미소로 나를 반겨주니 마음이 즐겁습니다. 가까운 친지와 소통하고 손주와 마주하면 더 행복해집니다. 이 시간을 더 오래 보내고 싶어 운동으로 체력을 다집니다.

가족에게 보내는 한마디

더 밝게 빛나려 하지 말고, 밤하늘에 은은한 빛을 내는 별처럼, 어두운 밤의 반딧불처럼 빛나는 것으로 만족하자.

키워드

노력, 배려, 인내, 성실, 정의

유년의 농촌 생활

1946년 11월 21일, 나는 광복 직후에 태어났다. 일제 치하에서 벗어난 국민이 해방의 기쁨을 가득 느끼는 시절이었다. 그러나 광복과 별개로 당시 농촌 생활은 형언할 수 없이 피폐하고 비참했다. 우리 부모님은 시골 농촌의 가난한 농부였다. 아버지는 주린 배를 움켜쥐고 밤낮없이 새끼줄을 꼬았다. 어머니도 밤새 베를 짜며 어린 자식들을 굶기지 않으려고 무척 노력하셨다.

나는 오 남매 중 넷째로 태어났다. 아버지는 건강하셨지만 어머니는 건강이 좋지 않으셨다. 어머니는 지병으로 가슴앓이 병, 즉 장경련이 있었는데, 한 번 앓아누우면 짧게는 한 달, 길면 세 달 이상 일어나지 못하셨다. 그러다 보니 식사는 고사하고 물 한 모금조차 제대로 못 삼키기 일쑤였다. 그때마다 우리 남매는 어찌할 바를 몰라 어머니의 팔과 다리를 주무르는 것밖에 할 수 있는 것이 없었다. 눈물을 훔치면서 주물러도 어머니의 몸이 더 굳어 갈 때, 우리 남매는 금방이라도 어머니의 숨이 멎을지 모른다는 두려움에 휩싸였다. 나와 누나들은 앞으로 엄마 없는 세상을 어찌 살아갈까 하며 자주 절망했다.

그렇지만 어머니의 병환처럼 슬프고 우울한 일만 있었던 것은 아니었다. 전해 듣기로 나는 돌이 지나고도 젖을 떼지 못했다고 한다. 어머니께서는 베를 짜시다 베틀 위에서 돌이 지난 내게 젖을 먹이고는 하셨다. 그 포근한 품 안을 상상해 볼 때가 있다. 그건 아마도 따스한 봄날의 햇볕 같았을 것이다. 훗날 병상에서 일어난 어머니는 내 손을 잡고 산책하곤 하셨다. 그때 느꼈던 어머니 손의 온기에서 내게 젖을 먹여 주시던 품을 떠올려 보았다.

 나는 또래보다 일찍 농사일을 도왔다. 우리 앞집에 살던 기종 아저씨는 송아지를 사서 시골 지인들에게 맡겼다가 소가 다 자라면 팔고, 송아지값을 뺀 돈을 나누곤 했다. 우리 아버지께서도 송아지를 맡기로 하셨고, 다섯 살이었던 내가 매일 송아지에게 먹일 풀을 베고, 먹였다. 다섯 살 아이에게는 힘든 일이었지만, 송아지와 함께 자라는 것은 즐거웠다. 작은 송아지가 큰 황소가 되자 나도 어느새 소 등에 짐을 싣고 다니는 농촌의 일꾼이 되었다. 그런데 이 녀석이 만만치 않은 녀석으로 자라서 낯선 사람만 보면 뿔을 휘둘러 댔다. 그래도 내 말은 잘 들었는데, 어느 날 내게도 뿔질을 하려다 제 발에 미끄러지면서 등짐을 앞으로 쏟아냈다. 내가 그 짐에 깔려 허리를 다치는 바람에 오랫동안 고생한 것이 녀석과의 유쾌하고 아픈 추억이다. 소를 기르는 노하우가 생기자 나는 친구에게 받은 갓 태어난 토끼를 길러 시장에 팔아 가계에 도움을 보태기도 했다.

김성호

배우지 못한 아쉬움

소와 토끼를 키우던 나는 1953년 함평군 나산 국민학교에 입학했다. 평소 아버지께서는 "한문이나 조금 배우면 되지, 학교 안 다녀도 충분히 잘 살 수 있다."라고 말씀하시곤 했다. 자식들에게 농사일만 돕게 하셨던 아버지께서 국민학교에 정식으로 입학시켜 주셨기에 나는 뛸 듯이 기뻤다. 그러나 즐거움은 짧았다. 육성회비 때문이었다. 가난한 농촌 가정에서 꾸준히 교육비를 지출하는 것은 매우 어려웠다. 내가 육성회비를 내지 못하자 담임 선생님과 교감 선생님이 직접 체벌을 빙자한 폭행을 일삼으며 돈을 가지고 오라고 다그쳤다. 볼을 잡아당기는 것은 약과였고, 회초리로 사정없이 종아리를 갈기거나 주먹으로 뺨을 후리기도 했다. 그때 나의 자존감은 처참히 짓밟혔다.

이러한 경험으로 나는 평생 지키게 될 인생 가치관을 하나 세웠다. '어린 시절의 폭력은 그 어떠한 이유로도 일어나면 안 된다.'라는 가치관이다. 어린 시절의 나쁜 기억은 평생 잊을 수 없는 상처로 남는다. 폭력은 절대로 훈계가 될 수 없다. 일례로 아버지께서 내게 행사한 체벌도 무정한 폭력과 다르지 않았다고 생각한다.

나는 어느 날 아버지 옆에서 잠을 자다 잠꼬대를 한다고 엉덩이에 불이 나도록 얻어맞은 적이 있었다. 아버지는 서럽게 우는 나를 달래기는커녕 "뚝 그쳐!"라며 다그쳤다.
나는 울먹이며 억지로 입을 다물었다. 훈육의 결과로
잠꼬대는 사라졌지만, 내겐 잠버릇을 고친 만족감보다
악몽 같은 아버지의 구타만 더 강렬하게 기억에 남았다.
훈육이란 명목으로 일어나는 폭력은 마음속에 깊은 상처가
될 뿐이었다.

    육성회비를 내지 못해 학교에서 쫓겨난 그해 겨울, 나는
친구 아버지께서 연 서당을 다녔다. 토끼를 길러서 판
돈으로 붓과 먹, 종이를 구했다. 학교를 다니지 못하게 된
아쉬움을 대신해 나는 천자문을 정말 열심히 공부했다.
이번 겨울이 아니면 다시는 공부할 기회가 없으리란 예감
때문이었다. 훈장님께서는 썰매를 타거나 밖에서 뛰놀지
않고 천자문에 몰두하는 나를 모범생이라 칭찬하며
입버릇처럼 "성호처럼 공부해라."라고 말씀하셨다.
이때 천자문과 이천자문을 모두 끝마쳤다. 이것이 우리
부모님께서 지원해 주실 수 있는 학업의 전부였다. 하지만
나는 앞으로도 배우기를 포기하지 않을 것이며, 어떻게든
공부하리라 다짐했다. 그러나 가난하고 고된 농촌 생활이
계속되었기에 내 다짐은 점점 약해졌다.
    이듬해 여름 방학이 되어 동네의 형들이 태권도를
같이하자고 제안했다. 반복되는 농사일에 지쳐 있던 나와
또래의 친구들은 흥미를 느꼈고 그다음 날부터 도복 대신

일상복을 입고 태권도를 배우기 시작했다. 나와 친구들은 태권도에 푹 빠졌다. 비가 내리는 날은 쉬기도 했지만, 농번기와 겨울철에도 나와 유단자 선배들은 빠지지 않고 도장에 나갔다. 이런 노력 끝에 나를 포함하여 5명(이태성, 이병일 등)이나 유단자로 인정받았다. 나와 친구들은 우리 동네뿐만 아니라 나주의 다른 동네에도 태권도 고수로 소문났다.

태권도 사범, 가출하다

스스로 가출할 거란 생각은 한 번도 해 본 적 없던 내가 '친구 따라서 강남 간다.'라는 속담처럼 가출하게 되었다. 어느 날 나주군 공산면 과송리에 태권도 사범으로 초청받아 다녀온 선배가 사범 한 명이 더 필요하다며, 우리 중 한 명에게 함께 가야겠다는 말이 계기였다. 유단자 친구들이 나를 추천했지만 나는 갈 수 없는 형편이었기에 거절했다. 그러나 그들의 꾸준한 설득과 권유에 마음이 흔들렸다. 집으로 돌아와 밤새 고민한 끝에 결국 선배와의 동행을 마음먹었다. 나는 아침식사 후 아버지와 형님 내외가 고구마를 심으러 밭에 나간 사이, 간단한 옷과 도복만 챙겨 나주 공산면으로 향했다. 앓아누워 계신 어머니께는 사정을 말씀드린 뒤였다. 그곳에서 2개월 넘게 스무 명이 넘는 청년에게 태권도를 가르치며 지내는 동안 학업 이탈로 인한 내 심란한 마음도 안정되어 갔다.

공산면에서 태권도를 가르치는 동안 여러 사건을 수습하며 나는 어엿한 성인으로 성장했다. 갓 해병대를 전역한 공산면장의 아들은 동네의 안하무인처럼 행동했는데, 청년들을 통솔하는 나를 못마땅하게 여겨 고향에 돌아오자마자 시비를 걸었다. 그러나 내가 아랑곳하지 않자 그는 적어도 내 앞에선 부당한 일을 자제했다. 또 불량 청년들이 서리를 일삼고 밭주인들에게 도리어 뻔뻔하게 횡포를 부릴 때 제대로 배상하도록 중재하기도 했다.

가장 기억에 남는 일은 관원들의 주선으로 동네 여자 아이들과 나주 동강시장을 구경하고 영화를 본 것이었다. 시장에는 불량한 잡배들이 많아서 여자 아이들이 놀러 가기를 꺼렸는데, 나와 청년 관원들이 보호자가 되자 마음 편히 나가 시장을 구경할 수 있었다.

그날 영화를 보고 시장에서 저녁을 먹던 중 옆 점포의 불량한 사내 여럿이 우리 좌석을 노려보는 것이 느껴졌다. 잔뜩 겁이 났지만, 나는 수제자였던 최용국에게 뒷문으로 여자 아이들을 데리고 나가라고 지시한 후 그들에게 다가갔다. 그리고 "시비 걸고 싶은 자가 있으면 당장 나오시오."라고 경고하고 거리로 나와 그들을 노려봤다. 선뜻 아무도 나서지 않자 곧바로 나는 "없군. 볼일 없으면

헤어집시다."라고 큰 소리로 외치고 두렵지 않은 척 몸을
돌렸다. 그러자 등 뒤에서 돌이 날아오는가 싶더니 그들이
소리를 지르며 나를 쫓아왔다. 나는 곧바로 대피시킨
일행과 다른 방향으로 몸을 돌려 뛰었다. 그들을 모두
따돌린 후 일행과 다시 만났을 때는 상쾌한 기분으로
웃었다.

    길고도 짧았던 가출은 가을을 넘기지 못했다. 어느 날
운동을 끝내고 나오자 손님이 찾아왔다고 했다. 가 보니
우리 형님이 계셨다. 형님은 내 얼굴을 보자마자 어머니가
위독하다면서 즉시 집으로 돌아가자고 하셨다. 나는 새벽
내내 심란한 마음으로 영산강 강변을 따라서 고향으로
향했다. 대문 앞에 이르자, 오는 내내 입을 열지 않던
형님이 이제는 됐다 싶었는지 "어머니는 괜찮으니 어서
들어가자."라고 하셨다. 나는 형님이 말을 끝내기도 전에
벌컥 화를 내며 골목을 뛰쳐나갔다. 그러나 밭에 계셨던
아버지와 결국 마주치고 말았다. 나를 발견한 아버지께서는
"집으로 가자."라고 말씀하시며 나를 지나치셨다. 나는
체념하고 아버지의 뒤를 따랐다. 집으로 돌아오자마자
나는 마루에 무릎 꿇고 아버지께 요청했다. "2~3개월만
시간을 주시면 모든 걸 정리하고 귀가하겠습니다." 내
말이 끝나자마자 아버지는 한마디로 거절하셨다. "너. 주먹
깡패 만들어 어디에 쓰려고?" 그리고 말없이 나를 쳐다만
보시다가 자리를 뜨셨다. 나는 3일 동안 집에 무릎 꿇고

앉아 아버지의 처분만을 기다려야 했다.

원치 않았던 출가, 광주 스텐 공장

내가 맹한 상태로 자숙의 시간을 갖는 동안 한 통의 전보가 왔다. 수제자 최용국이 보낸 복귀를 묻는 전보였다. 마음으로는 당장 달려가고 싶었지만 그럴 수 없는 내 처지가 참으로 안타까울 뿐이었다. 나는 그날 밤, 안부와 함께 다른 사람을 보낼 테니 양해를 바란다고 답장했다. 그렇게 추석을 맞으니 무기력한 마음만 더 깊어졌다. 그 사이에 아버지는 지인에게 광주에서 스텐 그릇을 만드는 공장을 소개 받으셨고, 그 자리에서 나를 보내기로 결정하셨다. 광주로 가라는 얘기를 들었을 때는 혼란스러웠지만, 무기력함을 떨쳐 내고 차라리 돈이나 버는 것이 낫겠다고 판단해 아버지의 처분을 받아들였다.

나는 공장에서 스텐 판을 절단하는 시다(보조)로 일했다. 처음에는 판 한쪽을 잡아 주는 일을 맡다가 곧 혼자서 스텐 판을 동그랗게 자르는 작업을 하게 되었다. 단단한 판을 작두로 자르는 작업이라 힘들고 서툴렀지만, 곧 손에 익어 공장에서 스텐 판을 가장 잘 자르는 유능한 절단사가 되었다.

그러던 어느 날 경상도에서 초청해 온 전문 기술자의

시다가 나와 일을 바꾸어서 하자고 했다. 나는 별생각 없이 그러자고 했다가 사고를 쳤다. 나는 우리 아버지를 제외하고는 내 몸에 손대는 것을 결코 용납하지 않았다. 그런데 오전 중 기술자가 별 이유도 없이 공구로 내 정수리를 '탁.' 쳤다. 나는 깜짝 놀라 그 사람을 쳐다보고 다시 일했다. 그러자 그가 점심 직전에 한 번 더 정수리를 쳤다. 그때는 기술자를 노려보고 뒷정리한 후 식사하러 갔다. 식사 후에 옆자리 친구에게 '오늘 나 그만둘지도 모르겠다'며 뒷정리를 부탁했다. 연유를 묻는 친구에게 두고 보면 알게 될 것이라 대답하고 공장으로 들어갔다. 나는 한 번만 더 내게 손찌검하면 가만두지 않겠다고 다짐했다. 내심 좋은 기회였다. 내가 중요한 기술자를 손보면 분명 사장이 나를 쫓아낼 것이고, 이 정도 일했으면 아버지 체면을 어느 정도 살려드렸으니 고향으로 돌아가도 괜찮겠다는 생각이 들었다.

　여지없이 오후 작업이 끝나기 전에 기술자가 또 정수리를 갈겼다. 나는 곧바로 작업 장갑을 벗어 던지고 옆 친구에게 정리를 부탁한 뒤 씻으러 밖으로 나갔다. 그러자 기술자가 경상도 사투리로 욕을 하며 나를 겁박했다. 아랑곳하지 않고 나는 그의 허리띠를 잡아서 뒤쪽 창고로 끌고 들어가 문을 걸어 잠갔다. 그때 밖에서 "문 열라!"라는 고함이 들렸다. 그를 데리고 나가니 사장님이 문을 부수듯이 두드리고 계셨다. 사장님은 일개

시다가 기술자에게 반항한다며, 잔뜩 화를 냈다. 나 역시 "그만두겠습니다."라고 말한 뒤 옷을 갈아입고 단골 가게로 향했다.

그날 퇴근한 동료들이 나를 찾아왔다. 무리에는 공장장과 사장 대리 그리고 경상도에서 초청된 기술자들도 섞여 있었다. 경상도 사람들은 화 풀고 잘 지내보자고 내게 맥주를 권했다. 사장 대리와 공장장은 네가 손을 봐주니 안하무인 같았던 기술자들이 이제 전라도 사람을 멸시하지 않는다며, 잘 했다고 격려했다. 나는 다툰 기술자와 화해하고 그의 숙소에서 며칠간 머물렀다.

그런데 오후 작업이 한창인 3시경에 전무 김명원 씨가 찾아왔다. 그는 나를 아재라고 부르면서 "기술자를 괴롭혔다면서요? 제가 사장님께 잘 말씀드려서 다시 공장에서 일할 수 있도록 해 드릴게요. 이제 돌아가시죠."라고 말했다. 나는 그렇게 한 이유를 설명한 후 사실 처음부터 여기서 일할 생각이 없었으며 단지 아버지의 체면치레 때문에 일했다고 대답했다. 전무님을 통해 뜻을 확실하게 밝혔음에도 다음 날 공장장과 사모가 찾아와 공장에 남아 달라고 말씀하셨다. 말단이나 다름없는 나를 왜 붙잡는지 고민했다. 아마 사장님조차 다루지 못한 기술자를 내가 꼼짝 못하게 했으니 쓸모 있다고 판단한 것 같았다. 마지막엔 전문 기술자가 되도록 기술을 가르쳐 주겠다는 제안까지 나왔다. 뒤치다꺼리나 하던 시다에게 큰 제안이었다. 나는 이틀 동안 고심한 끝에 공장으로 돌아가기로 했다.

그날 이후로 공장 분위기는 정말 좋아졌다. 상급자들의 멸시와 횡포는 어디에서도 찾아볼 수 없었다. 나는 기술자가 잠시 쉴 때마다 스텐 그릇을 찍어내는 기계 사용법을 배웠다. 어느 정도 자신감이 생기자 기술자에게 내가 대신 조작해 보겠다고 했다. 그는 순순히 자리를 넘겨주었다. 내가 능숙하게 기계를 다루자 주변 동료들이 모두 나의 손재주에 놀라워했다.

기계를 다루는 일은 시다의 잡무보다 힘들었지만 즐거웠다. 그러나 나는 내가 기술자가 된 것을 사장님에게 숨겼다. 야간작업에 차출되는 것이 싫었다. 아니나 다를까 내가 능숙하게 기계를 다루는 것을 우연히 목격한 사장님이 곧바로 나에게 고향 친구 태규와 함께 야간에도 제품을 만들라고 지시를 내렸다. 나와 태규는 밤낮을 가리지 않고 일했다. 그래도 보람은 있었다. 봉급 날, 사장은 직원들에게 "봉급은 최고의 기술자를 중심으로 업무 성과에 따라 차별 지급하였으니 불만 갖지 말라."라고 말했다. 받은 봉급을 확인해 보니 나와 박영호, 조기태, 조영철 네 명이 가장 높았다. 경상도 기술자들이 떠나고 우리가 공장에서 가장 일을 잘하는 사람으로 공식적인 인정을 받은 것이었다. 당시 나의 봉급은 8천 원이었는데, 잡일과 작두 작업을 하는 보조의 급여인 3천 원보다 3배에 달하는 급여였다.

지급이 끝나고 다시 기계를 작동시키는 스위치를 누를 때 기뻤던 기분이 아직도 새록새록 떠오른다.

    그날 두둑한 봉급 주머니를 가지고 귀향하는 길은 험난했다. 한턱내라는 동료들의 손아귀를 뿌리치지 못하고 국밥과 막걸리를 듬뿍 사준 후에야 나는 영호, 정일이와 함께 목포행 심야 완행 기차에 간신히 몸을 실었다. 지친 몸을 겨우 일으켜 고막원역에 내리자마자 우리는 고향 어르신인 이장님을 마주쳤다. 마침 서울에서 볼일을 마치고 내려온 길이라며 우리의 손을 꽉 잡고 반갑게 맞아 주셨다. 매우 늦은 밤이었지만 이장님의 따뜻한 손에 고향으로 돌아온 정취를 느낄 수 있었다. 그러나 고향 집까지 들어가는 길은 여전히 고난이었다. 눈보라가 거세지면서 눈이 무릎 높이까지 차올라, 나는 새벽 4시경에서야 겨우 본가에 도착했다. 눈을 털고 방에 들어가자 부모님께서 뜬눈으로 나를 기다리고 계셨다. 나는 늦은 귀가를 타박하는 부모님께 겨우 인사를 마치고 기절하듯이 쓰러졌다. 어머니께서는 지친 나를 깨우지 않고 기다렸다가 다음 날 늦은 점심상을 내주며 깨우셨다. 폭설 속에서 헤맸던 지난밤과 어머니의 따뜻한 사랑이 가득한 평화로운 한낮이 몹시 대조되었다.

인정을 받고 목소리를 내다

공장에서 유능한 기술자로 인정받자 나는 직장과 집안에 자신의 목소리를 내는 한 명의 사회인이 되었다. 그 계기는 새로운 사장 대리의 부임이었다. 전남대학교 법학대학 총학생회장을 역임하였던 그는 의욕적으로 우리 노동자들의 목소리에 귀 기울였다. 나는 그에게 공장의 실태를 설명하고 야간 근무 축소를 요청했다. 반신반의하고 있었는데, 그가 사장과 담판을 지어 개선안을 추진케했다. 비록 신임 사장 대리가 성취해 냈지만 나의 요청이 공장 시스템에 긍정적인 변화로 이어진 것을 보고 나는 주변에 적극적으로 목소리를 낼 필요가 있다는 것을 깨달았다.

이후 나는 사장 대리와 친해져 자주 의견을 나누고, 그로부터 여러 정보를 듣곤 했다. 어느 날 그에게 근방에 있는 호남비료 공장에서 발생한 취업 사기 사건을 들었는데, 고향에 방문하니 아버지와 형님이 크게 싸운 이유도 이 사건과 관련이 있었다. 형님이 광주 비행장에 취업하기 위해 논밭을 팔려 하자 아버지께서 반대하고 계셨다. 그런데 취업 알선 방식이 앞의 사기 사건과 매우 유사했다. 나는 형님의 위험한 시도를 말린 뒤, 대신 일수 사업을 제안했다. 마침 친척 어르신에게 일수 사업의 벌이가 괜찮다는 이야기를 들은 참이었다. 당시에는 은행 대출이 매우 어려워서 지인들에게 돈을 빌리는 민간 일수가 유행했다. 모아 둔 돈도 꽤 있었고 내 봉급도 올라 형님과 힘을 합쳐 일수 사업을 시작하기 좋았다. 형님은 취업 사기에 휘말릴 뻔했으나, 결과적으로 내가 제안한 일수 사업이 잘되어 몇 년 뒤에 새집을 얻어 이사했다.

    이 시기에 가장 기억에 남은 일은 공장장 제안을 거절한 일이다. 연차가 쌓이고 내외적으로 인정받자 사장님이 나에게 공장장 자리를 제안했다. 갓 스물넷의 청년에게 꽤 매력적인 제안이었지만 나는 단번에 거절했다. 당황한 사장님이 연유를 물었다. 나는 "성과제로 지급되는 기술자 봉급이 공장장 자리보다 더 좋으며, 무엇보다 공장장은 아래위로 욕먹는 자리이기에 자유롭게 지내고 싶어 지금은 공장장 자리에 관심이 없다."라고 사장님에게 단호하게 의사를 밝혔다.

결혼 이야기

    공장 작업에 몰두하며 형님과 일수 사업을 시작한 나는 결혼을 생각하지 않았다. 결혼하고 싶은 상대도 없거니와, 결혼 자금 때문에 일수 사업에 지장을 주고 싶지 않았다. 나와 다르게 부모님은 결혼을 독촉하셨다. 어머니의 병환이 다시 도졌기에 양부모가 살아 있을 때 혼인시키겠다고 어머니께서 결심하신 것이다. 어머니는 주변에 중매를 요청해 부지런히 자리를 만들었지만, 나는 서른 명이 넘는 맞선 상대를 모두 정중히 거절했다. 누구도 결혼에 관한 나의 회의적인 태도를 바꾸진 못했다.

그런데 바로 이 시기에 나는 인생의 동반자, 내 아내를 만났다. 내가 스물여섯이던 해, 어머니께서 다시 한 번 결혼 이야기를 꺼내셨다. 이번에는 내 진외가(아버지의 외가) 아지매의 친척 손녀인데 평판이 좋고 아는 집안이므로 속사정 모르는 처자보다 안심할 수 있다고 말했다. 그러면서 그 아가씨도 추석 차례를 일찍 지내고 함평 고향 집에 오기로 했다며, 날이 밝으면 우리 모자가 함께 가 보자고 하셨다. 다음 날 나는 어머니와 함평군 학교면 죽정리에 위치한 '후동'을 찾았다.

아가씨를 만나기 전에 그 집안 어른들께 인사를 드렸다. 가장 큰 어르신은 흰 머리와 흰 수염을 가득 기르셔서 도인 같은 기품이 느껴졌다. 그분의 인자한 성품에 나는 큰 호감을 느꼈다. 이런 어르신의 손녀라면 좋은 사람일 것 같았다. 그러나 그것과 별개로 나는 여전히 결혼에 대해서 회의적이었다. 손녀와 나의 완벽한 사주를 이야기하던 어르신이 나를 아가씨가 있는 방으로 보냈다. 아가씨와 대면하면서 나는 어떻게 해야 맞선 상대인 아가씨에게 거절당할 수 있을까 고민했다. 그래서 불안정한 내 사정을 과장해서 밝히고, 그런데도 나와 함께 살 수 있냐고 물었다. 그런데 아가씨는 "괜찮아요. 나머지 문제들도 살다 보면 일상처럼 일어날 수 있으니 감수해야 하는 것 아닌가요?"라며 흔쾌히 답했다. 아가씨가 내게 미래에 관해 묻자, 나는 그녀와 반대로 미래 계획은 생각해 둔 것이 없다며 대책 없는 사람처럼 굴었다. 내심 나를 한심하게 여겨 결혼을 물리길 바랐다. 그러나 오히려 나를 겉만 번지르르한 사람이 아니라 솔직한 사람이라고 여겨 결혼을 승낙했다. 고향 집으로 돌아와 선 자리가 별로였다고 아버지께 거짓말했지만, 동행한 어머니께선 아가씨의 모든 점이 좋았다며 그녀와의 선 자리를 흡족해하셨다.

 결국 나는 결혼을 부모님 뜻에 맡기고 며칠 후, 형님에게 내 약혼식 소식을 들었다. 어느 정도 예상은 했으나 고민해 보지 않았던 약혼식 준비에는 많은 어려움이 뒤따랐다. 그런데도 아가씨는 약혼식 내내 시종일관 상냥하게 웃었다. 낯가림이 없고, 격식에 구애받지 않았으며, 매사 나를 편안하게 해 주는 행동이 고마웠다. 미흡한 준비에도 불구하고 아가씨의 배려 덕분에 약혼식은 다정한 분위기 속에서 마무리될 수 있었다.

 나는 아가씨를 마중하며 역 앞의 다방에서 재차 정중히 사과드렸다. 그러자 아가씨는 전혀 실망하지 않았다고, 오히려 허세 없이 솔직한 점이 좋다고, 할아버지 말씀처럼 거짓 없는 사람인 것 같다고 나를 다독였다. 나는 점점 그녀가 사랑스럽게 느껴졌다.

 한 번은 그녀가 점심때 불쑥 내가 일하는 공장에 겨울

© 백유신

눈바람을 뚫고 찾아온 적이 있었다. 작업복 차림으로 함께 식사하던 중 그녀의 할아버지께서 다시 한 번 나를 보고 싶어 하신다는 말을 전했다. 나는 웃으며 농담 삼아 "당신과 입 맞추게 해 주면 가고 그렇지 않으면 가지 않을 거예요. 오늘 돌아가면 할아버지께 꼭 말씀 전해 주세요." 하고 말했다. 그러자 "아무리 그래도 허락하지 않으실걸요?"라며 그녀가 홍조를 띠웠다. 농담을 던진 나도 부끄러워서 "농담입니다."라며 손사래를 치고 그녀를 차 앞까지 배웅했다.

   결혼 이틀 전, 당시 우리 공장에는 결혼하는 동료를 축하하기 위해 축하주를 돌리는 관습이 있었다. 새벽까지 동료들과 축하주를 마시고 다음 날 아침 목욕탕에 들린 후 고향으로 출발했다. 고향 집 가는 첫 골목에는 후배 창규가 운영하는 전방이 있었는데, 사람들이 사랑방처럼 쓰는 곳이었다. 고향집에 들어가기 전에 가볍게 인사차 들러 거기서도 축하의 술자리를 벌였다. 결국 나는 결혼 전날까지 집에 들어가지 못하고 술자리를 가졌다. 그러자 우리 집은 아주 난리가 나 버렸다. 결혼 전날까지 신랑이 오지 않았으니, 아버지는 "결혼하기 싫다더니 이놈이 기어코 큰 사고를 쳤구나!"라며 노발대발 화를 내셨다. 다행히 노심초사하던 작은누나가 내 친구들의 집을 돌아다니다 전방에 있는 나를 발견하고 가족 친척들을 안도시켰다.

음력 1969년 10월 25일. 나는 드디어 아가씨와 결혼식을 올렸다. 식이 끝난 뒤에는 친척들과 동네 젊은 사람들이 모여 밤새도록 놀았다. 집으로 돌아와서도 오래도록 축제를 벌였다. 그렇게 무려 사흘 밤을 새고 첫 신혼 방에 들었는데도 피곤한 줄을 몰랐다. 어떻게 그럴 수 있었는지 지금 생각하면 참으로 기묘한 날들이었다.

신혼 시절

신혼여행에 다녀와서 나는 광주에, 아내는 나주 우리 집에 머물며 시집살이를 했다. 아내가 마중을 나올 때 바람이 차니 돌아가라고 말해도 아내는 막무가내로 따라 나왔다. 아내는 조금이라도 함께 있고 싶은 마음이었겠지만 집에서 멀어질수록 아내는 혼자 돌아가야 하니 내 마음이 아려왔다. 결국 아내는 수하리 고개에서 집으로 돌아갔다. 나는 한 달에 두 번 쉬는 날에 아내를 만나러 고향 집에 들렀다. 퇴근 시간이 오후 6시여서 늦은 밤에서야 겨우 아내를 볼 수 있었다. 겨울철에는 가끔 나주행 차가 다니지 않을 때도 있었다. 영광 가는 차를 타고 도중에 문장에서 내려 약 8킬로 이상의 눈길을 두 시간 넘게 걷기도 했다.

그러다 1970년 음력 5월 말일. 아내와 살림을 합쳤다.

이사한 뒤엔 아내와 상의하여 광주 지산동 동산초등학교 앞에 부업으로 문구점을 열었다. 가게는 그런대로 잘 운영되어 평화로운 나날이 이어졌다. 그리고 음력 12월 19일, 첫 아들이 태어났다. 산후조리 중인 아내를 도우며 문구점을 꾸리던 중 사장 대리가 찾아와 복직을 부탁했다. 재편된 공장이 어수선하여 내 도움이 필요하다는 것이었다. 공장의 사정이 딱하였지만 당장 바로 옆에서 혼자 갓난아기를 안고 문구점을 꾸리는 아내가 눈에 밟혔다. 나는 정중히 사장 대리의 요청을 거절했다. 그런데 때마침 아내를 도와줄 가족이 생겼다. 갑작스러운 사고로 부모를 여읜, 고향 동네의 열한 살 난 소녀였다. 친오빠가 한 명 있으나 객지를 떠돌고 있기에 사정이 참 딱했다. 그 아이가 갓난아기를 돌봐주기로 해서 우리는 네 가족이 되었다. 가정이 안정되자 나는 마음 편하게 복직하여 재편된 공장의 안정화에 이바지했다.

  이 시기의 내 일상에서 빠질 수 없는 인연이 3명 있다. 정덕웅 씨와 김상수 씨 그리고 김대현 씨다. 우리는 처음 직장이었던 공장에서 만난 형제 같은 사이로, 매일 공장 근처 주점에서 약속이나 한 것처럼 만났다. 약속이 없어도 익숙한 시간대에 주점에 나가 보면, 누구 한 명이 먼저 나와 앉아 있거나 문 앞에서 마주치곤 했다. 정덕웅 씨와 김상수 씨는 다른 사람들에게 나를 소개할 때 동생으로 소개했는데, 이 두 사람이 나를 의형제로 대해 주는 것이 싫지 않았다. 김대현 씨는 공장에서 짧게 일했지만, 힘이 좋아 일을 잘했고 사람이 정말 괜찮아 내가 호감을 느끼고 먼저 다가간 몇 안 되는 사람이었다. 그가 공장을 떠난 후에도 인연을 계속 이어가, 오늘까지도 친광회라는 모임에서 자주 얼굴을 보고 있다.

사업을 시작하다

어느 날 큰매형이 우리 집에 오셔서 앞으로 자녀도 더 생길 거고 생활비 지출도 늘 테니 사업 전환을 제안하셨다. 매형의 동생이 서울에서 이불 판매로 월부 사업을 하는데 괜찮다는 것이다. 사돈 관계인 그 동생은 나보다 네 살 위인데도 어려서부터 동갑내기 친구처럼 나를 다정하게 대하며 자주 도움을 주었다. 나는 아내와 상의하고 업종을 바꾸기로 결심했다.

나는 조언을 구하기 위해 서울에 사는 사돈을 찾아갔다. 나는 그와 함께 식사하며 월부업을 해 보고 싶다는 의사를 밝혔다. 경험 없는 내가 할 수 있는 사업인지 우려가 된다고 말했다. 사돈은 염려 말라며 나를 격려했다. 그리고 그 자리에서 이불 만드는 법을 간략하게 설명해 주고 여러 노하우를 알려 주었다. 사돈의 설명이 아주 시원시원해서 나도 조금은 부담을 덜 수 있었다.

나는 광주에 돌아와 아내에게 사돈이 일러 준 것을 설명해 주고 준비할 것을 함께 정리했다. 아내는 둘째 아이 산달이 임박한 상황에서도 사업 준비에 많은 공을 들였다. 미처 사업 준비가 끝나지 않았는데 출산일이 다가왔다. 출산 이후 산후조리에 어려움을 겪으면서도 개업 준비에 박차를 가했다. 나는 새벽차를 타고 서울로 나가 광장 시장에서 이불 재료를 주문한 후 심야 버스를 타고 새벽에 다시 광주로 돌아왔다. 그때마다 몸살이 나곤 했지만 덕분에 우리의 첫 이불 사업은 시작부터 호황이었다. 2개월 만에 판매원을 7명이나 늘렸고 수금 사원도 2명이나 두었다. 보온력이 좋은 삼풍 5단 스폰지 요를 주력 상품인 이불과 같이 판매하니 겨울에 대단히 인기가 많았다. 봄에는 벽시계를 추가하여 품목을 늘리기도 했고 여름에는 라디오와 선풍기 등 계절상품을 함께 파니 아주 성황이었다. 광주보다 두어 달 유행이 빠른 서울 시장의 소식을 일찍 파악한 덕이었다. 좋은 제품과 유행을 선점한 나는 좋은 거래처를 여럿 확보할 수 있었다.

성황리에 첫 사업을 운영하던 중 석유 파동을 겪었다. 이불 원가가 3배 이상 급등하여 잠시 영업을 중단할 수밖에 없었다. 개업 이후 1년이 겨우 지난 시기였다. 나는 사람의 노력으로도 어쩔 수 없는 불황을 경험하고 이렇게 사업이 망할 수 있다는 것을 처음 깨달았다. 서울에 사는 사돈에게 방도를 구해 보았으나, 사돈 역시 답이 없는 것은 마찬가지였다. 그저 이 시련이 지나가길 기다리는 방도밖에 없었다. 판매원들에게 일감을 주지 못하여 참 난처했다. 가정 형편이 어려워 가불을 청하는 판매원의 부탁을 거절해야 했을 때 가장 미안했다. 겨우 석유 파동이 잠잠해지고 1975년 봄에 서울에서 유행하는 벽시계와 국산 라디오를 팔아 숨통이 틔긴 했지만, 이불 사업의 전망이 좋지 않아 결국 접기로 결심했다.

어머니를 여의고

고향에서 어머니가 위태로우시다는 연락이 왔다. 의사는 어머니께서 몸이 많이 약하신 것 외에 특별한 병환은 없다고 했지만, 답답했던 나는 다음 날 도청 앞에 있는 대학당한의원으로 어머니를 모셨다. 가장 좋은 한약을 몇 첩 지어와 달여서 3일 정도 자시도록 하니 어머니의 병환에 효험이 나타났다. 어머니께서는 거동이 가능해져서 손주들과 함께 남광주시장 구경도 하고 꽃게를 사 와 저녁 식사를 함께 드셨다. 어머니께서는 다음 날 형님네에 한 번 들렀다가 고향 집으로 내려가겠다고 하셨다.

그날 밤, 삼복더위로 잠들지 못하고 있었는데 대문 바깥에서 술 취한 사람이 큰 소리로 나를 불렀다. 깜짝 놀라 나가 보니 형님이었다. 병환으로 누운 어머니가 우리 집에 계실 동안 한 번밖에 온 적 없던 형님은 나를 비난하더니 거칠게 어머니를 끌고 나갔다. 그런데 15분도 되지 않아서 형님이 다급히 돌아왔다. 어머니가 다시 위독해지셨다는 것이다. 조금 전까지 괜찮았던 어머니가 왜 위독하시냐고 물으니, 형님네로 가시던 중 가게에서 우유를 사 드시고는 쓰러지셨다고 했다. 나는 그렇다면 당장 대학병원 응급실로 모셨어야지 왜 나부터 부르러 왔냐고 물었다. 형님은 겁이 나서 아무 생각도 못 하고 나에게 왔다고 대답했다. 나는 황급히 형님네로 가서 어머니를 살폈다. 아직 정신이 있으셨던 어머니께서 형님에게 받은 우유를 마시고 난 후에 속이 안 좋아졌다고 똑같이 말씀했다. 결국 어머니께서는 다음 날 고향으로 내려가셨다가 사흘 만에 눈을 감으셨다.

스텐 공장과 5·18

첫 사업을 접고 형님과 부업으로 하던 일수와 카드 수금을 본업으로 전환하려고 했지만, 성격에 맞지 않아서 곧 그만두었다. 한 채무자의 추천으로 집안에서 자개 공장을 해 봤지만 영 신통치 않아 접었다. 그때 스텐 공장 전무였던 양해춘 씨가 부산에서 스텐 재료상을 한다는 소식을 듣고 스텐 공장 창업을 결심했다.

1978년 봄, 나는 광주 변두리의 빈 부지에 공장을 준공하고 스텐 사업을 시작했다. 이듬해 스텐 재료를 구매하기 위해 부산으로 향했을 때, 터미널 화장실에서 공수복을 입은 군인들이 젊은 사람을 끌고 들어와 곤봉으로 마구 구타하는 것을 목격했다. 마중 나온 운전수로부터 며칠 전부터 부산의 대학생들이 시위를 했고, 군사정권이 이를 강경하게 진압 중임을 알게 되었다. 설상가상으로 계약을 마치고 광주로 돌아가려고 했는데 반나절 사이에 고속버스가 모조리 차단되어 있었다. 나는 결국 목포행 완행열차를 타고 멀리 돌아 광주 집으로 돌아올 수 있었다.

　그 사건 이후 7개월 만에 광주에서 5·18 민주항쟁이 일어났다. 1980년 5월 16일, 부품을 사기 위해 자전거를 타고 수기동에 가는데 무장한 공수 부대원이 대학생으로 보이는 이들을 무작정 곤봉으로 때리고 있었다. 그 옆을 지나던 시민들은 겁에 질려 급하게 도망갔다. 17일에는 양동 시장에 물건을 배달을 하러 가는데, 아주 많은 수의 공수 부대원이 시장을 장악하고 있었다. 그들은 젊은 사람만 보이면 달려가 마구 곤봉으로 갈기고 끌고 갔다. 나이든 사람들이 구경하러 몰려들자 속히 집으로 돌아가라고 소리를 질러댔다.

　무고한 시민들을 향해 무자비하게 폭력을 휘두르니, 보다 못한 이들이 거리에 나와서 항거하기에 이르렀다.

나도 배달을 끝내자마자 그 무리에 동참했다. 다음 날에는 공장 직원들도 나와 함께 거리로 나섰다. 그러나 우리는 가톨릭대까지 가지 못하고 멈춰섰다. 도로가 포크레인으로 깊게 파여 있었다. 근방부터 차는 물론 수레조차 이동할 수 없었다. 본격적인 통제가 시작된 것이었다. 그날부터 광주의 모든 일상이 중단되었다.

　항거가 본격적으로 시작되고 기술자 한 명이 사라졌다. 친구를 만나러 나갔다가 실종된 것이다. 혹시나 그가 계엄군에게 죽임을 당했을까 봐 노심초사하며 찾아다녔다. 그러던 어느 날 밤 실종된 기술자가 돌아왔다. 생환한 그는 잔뜩 겁에 질려서 아무 말도 못했다. 얼마나 구타를 당했는지 몇 달이 지나도록 몸도 회복되지 않았다. 군부의 폭압에 휩쓸린 도시의 분위기도 쉬이 돌아오지 않았다. 5개월 휴업 후 공장을 재가동했지만, 여전히 경기가 좋지 않았다. 이듬해 1981년 5월까지 그럭저럭 운영하던 공장이 비수기를 맞았다. 어떻게든 버텨 보고자 대출을 알아봤지만 결국 방법이 없어 공장을 닫게 되었다. 임금을 받지 않고 함께 버텨 보자며 응원해 준 직원들에게 정말 감사하다.

고난을 정으로 견뎌내다

　이 시기에 아내는 이웃 아주머니들과 아파트를 청소하고

문고리 다는 노가다까지 하면서 생활을 꾸렸다. 고생하는 아내를 보면 무기력한 스스로가 너무 한심해 견딜 수 없었다. 나는 10년 넘게 다녔던 모임을 모두 탈퇴하고 달방으로 이사하여 얼마 동안 방에서 나오지 않았다.

   모임 친구들은 무기력해진 나를 응원하고자 회비를 모아 쌀가마니를 보내기도 했다. 나는 '고난은 스스로 헤쳐 나가야 하며, 쉽게 남의 도움을 받았다가는 나약한 마음이 되어 난관을 헤쳐 나갈 수 없게 되리라' 믿고 정중히 거절했다. 그러나 그들의 따뜻한 마음에 감동하여 없는 살림에도 약주를 대접하며 감사의 마음을 재차 표했다.

   나는 인근의 공사장을 찾아가 일감을 구했다. 그런데 젊은 감독관이 내게 "사장님? 쌀이 떨어졌어요?"라며 조심스럽게 다가왔다. 감독관은 옆 공장에서 일했던 청년이었다. 그 공장은 자주 자본금이 막혀 가동을 멈췄는데, 그럴 때마다 일을 잃고 배고파하는 청년을 우리 공장으로 불러 라면과 막걸리를 나누어 먹곤 했다. 재회는 기뻤으나 그가 함바집에서 점심을 사며 자신이 현장 감독하는 동안 푹 쉬라고 하길래, 나는 "집에 가겠네."라고 말하고 집으로 향했다. 정오도 지나지 않았는데 집으로 돌아가야 하는 발걸음이 무겁고 또 무서웠다. 집사람과 어린 자식들 보기가 힘들었다.

   그날 집에 와서 일찍 눈을 감았는데, 오후 6시경에 통장님이 찾아왔다. 그리곤 집 앞에 쌀 한 가마니를 내려놓으셨다. 나는 통장님과 함께 주문자를 찾아 온 동네를 돌아다녔다. 대폿집에서 겨우 찾은 주문자는 공사장에서 만난 감독관 청년이었다. 나는 전과 마찬가지로 그의 선물을 거절했다. 그러자 "끼니를 거르며 배고프고 어려울 때 사장님께 받은 게 많았는데, 이제 겨우 보답하는 쌀 한 가마마저 거절하시면 저는 어떻겠습니까?"라며 그가 울었다. 나는 자네 마음 다 이해한다, 고맙다며 그를 다독였다. 나는 공장은 실패했어도 사람 관계는 실패하지 않았나 보구나 하고 안도하며 이 인연을 위안으로 삼았다.

 음력 1983년 1월 3일, 결국 나는 처와 자식들을 광주에 남겨 놓고 홀로 상경하여 일자리를 찾아다녔다. 뚝섬을 배회하던 중 우연히 기술자를 찾는 사람을 만나 자동차 부품 공장에서 일하게 되었다. 그 공장은 테이프 공장과 한 건물을 같이 나눠서 쓰고 있었는데, 두 공장의 노동자들은 서로 친하게 지내는 편이었다. 나 또한 테이프 공장의 공장장과 동갑이라 매우 친해졌다. 재밌는 것은, 테이프 공장의 유 사장님이 공장장과 어울려 다니는 나를 유독 아끼고 좋아하셨다는 점이다. 이유도 없이 다른 공장 사람인 나를 챙기던 유 사장님은 어느 날 자신이 도와줄 테니 고향에서 테이프 상회나 도매상을 해 보겠냐고 권했다.

 나는 추석에 광주로 내려가 아내와 상의하고 테이프 장사를 결정했다. 부족한 초기 자본에도 불구하고 유

사장님은 담보도 받지 않고 우리에게 외상으로 최상의 물품을 지원해 주었다. 초기에는 지인과 거래처가 없어서 거절당하기 일쑤였지만 발품의 노력이 통했는지 나는 재기에 성공했다. 집안은 다시 안정되었고 부업으로 고물상도 운영했다. 고물상은 땅 주인의 사정으로 오래 하지는 못했지만, 고물을 수집하는 다양한 사람이 몰려들어 즐거운 인연을 여럿 맺었다. 암울한 시대였지만 우리 고물상은 동네의 사랑방처럼 화목하고 웃음이 끊이질 않았다.

 1998년 겨울, 서울 성동구 모 예식장에서 장녀가 결혼식을 올렸다. 그리고 2년 후 예쁘고 건강한 외손녀가 태어나 행복한 새 천 년을 맞았다. 이후 2년 터울로 둘째, 셋째 손녀가 태어났다. 그 아이들도 참 귀엽고 예뻐서 손녀들을 보고 있노라면 즐겁고 마음이 흐뭇하다. 그러나 딸의 행복과 별개로 아들의 경우엔 아쉬움이 컸다. 나와 아내가 열심히 노력했으나 큰아들의 혼사가 이뤄지지 않아서 답답했다. 아내는 아는 사람들 결혼식에 가는 것조차 싫어했다. 그래도 이전에 경제적으로 어려웠을 때보다는 훨씬 나은 고민이었다.

늦은 배움

어느 날 나는 신문을 읽다가 깊은 생각에 잠겼다. '나는

혼자 맞는 아침

혼자 맞는 쓸쓸한 아침
새들이 날 깨우고
창밖의 꽃들이 미소 지으니 일어나야지
화분의 묘목에서 꽃망울이 방울처럼 맺혔다
화분과 함께 나도 오래오래 살려면
몸 풀고 발을 굴러 체력을 키워야지
아이 손을 잡고 함께 걷다 보니
떠나보낸 줄 알았던 행복은 다시 깊어가네

김성호

누구인가? 나는 지금까지 무엇을 했는가?' 그런 질문이 내 머릿속을 스쳐 갔다. 나는 지금까지 나 자신에게 아무런 투자도 하지 않았음을 깨달았다. 시간을 허투루 보냈다는 후회가 밀려와 눈앞이 깜깜해지는 것 같았다. 하지 못한 공부를 하고 싶어졌다. 지금부터라도 나와 아내에게 투자하고 보상을 구해야겠다고 생각했다. 나는 곧바로 신문 광고를 보고 전화를 걸어 검정고시의 절차와 교재, 공부 방법에 대해서 안내받았다. 나는 곧바로 교재를 구매해 공부를 시작했다. 아내의 격려와 응원이 큰 도움이 되었다. 자주 만나던 친구들에게 공부를 시작했음을 알리고 당분간 수험에 집중하고자 만날 수 없음을 밝혔다. 혹시 내 의지가 약해져서 중도에 포기할까 봐 미리 선언하는 것이니 도와달라고 했다.

　이런 결의에 찬 다짐 덕분이었을까. 나는 수험 3개월 만에 초등 과정 검정고시에 합격하고, 1년 만에 중등 과정도 끝마칠 수 있었다. 고등학교 과정을 배우는 건 다소 힘들었다. 나는 일하는 동안 시간 나는 대로 공부했다. 일을 마친 뒤엔 새벽 3, 4시까지 책을 붙들며 주경야독했다. 과거에 공장 문을 닫았던 충격으로 생긴 불면증이 도움이 되었다. 매일 피로했지만 마음은 즐거웠다. 하루하루의 학업 성취가 내 자존감을 높여 주었다. 그리고 2002년 9월에 응시한 시험에서 4개 과목에 합격했다. 난관을 예상했던 다른 4개 과목에선 과락을 맞았다. 그래도 포기하지 않고 도전을 이어간 끝에 4년 후 고등학교 과정을 마칠 수 있었다.

검정고시를 합격한 다음 해에 나는 방송통신대학교에 입학했다. 반백 년 만에 마주한 학교 교육에 가슴 설레었다. 그러나 1학기 기말시험이 끝나고 받은 성적표는 실망스러웠다. 예상치 못한 과목에서 과락이 꽤 많았다. 첫 학기부터 포기할까 진지하게 고민했다. 학기를 마치고 떠난 1박 2일 여행 중에 대학 동기들에게 고민을 토로했더니, 모두가 배움의 끈을 결코 놓쳐서는 안 된다고 만류했다. 동기들의 독려와 위로, 지난 5년 동안 검정고시를 헤쳐 온 시간, 여기서 멈출 수 없다는 집념이 내 마음을 강하게 붙들어 주었다. 나는 떨어진 자신감을 추스르고 다시 학업을 이어 나갔다. 끝내 졸업 논문을 제출하지는 못하였으나 2012년에 대학 전 과정을 수료하기까지 최선을 다했다.

우리 가족들

내가 늦은 배움에서 어려움을 겪어도 견딜 수 있었던 것은 가족의 경사 덕분이었다. 내가 대학에 입학했을 때, 전남대학교 경영학과를 수석 졸업한 막내딸이 다니던 회사를 그만두고 7개월 만에 공무원 시험에 합격했다.

늦은 배움, 방송통신대학 수료식

김성호

사랑하는 막내 딸의 대학 졸업

합격자 발표 날이 12월 24일이었기에 우리 가족은 평소보다 더 기쁘고 행복한 성탄절을 보냈다. 또 내가 대학을 수료로 그친 것에 아쉬워할 때, 추석에 막내딸이 사무관 승진 소식을 전하며 내 마음을 풀어주었다. 그리고 2010년 10월에는 아들이 드디어 짝을 만나 결혼식을 올렸다. 아내와 나는 처음으로 예쁜 며느리를 맞이하게 되었다. 아들 부부는 현재까지 행복하게 잘 살고 있다. 같은 해 음력 11월 21일은 내 생일이자 회갑이 되는 해였다. 친구들이 생일 회갑 파티를 해 주었다. 축하 편지와 문자도 끊이질 않았다. 회갑상에 모여 앉아 축하받고 사진을 찍은 그날이 내 생애 최고의 생일이었다.

아들 부부는 결혼 7년 만에 첫 손주를 우리 부부 품에 안겨주었다. 손주가 품에 안겨 재롱을 부릴 때마다 나와 아내는 행복에 겨워 미소지었다. 그런데 다음 해 10월에 집사람이 갑작스럽게 세상을 떠났다. 그 충격이 너무나도 커서 마음을 추스르기 어려웠다. 아내를 잃은 충격에서 나를 구해 준 것은 아들 가족이었다. 아들 부부를 도와 손주를 직접 길렀는데, 그러다 보니 아내를 잃은 슬픔을 빨리 이겨 낼 수 있었다. 아들 내외도 교대로 휴가를 내어 바로 옆에서 나를 위로해 주었다.

나는 요즘도 매일 아침 손주의 등교를 도와주고 전화로 가족들과 안부를 나눈다. 살면서 쉬운 날보다 어려운 날들이 더 많았지만, 그 고난을 함께 이겨 내고 회복한

김성호

막내 손주 돌을 맞아 가족들과 함께

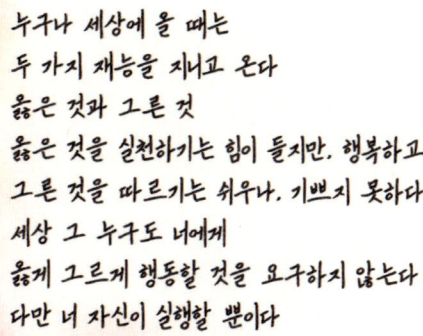

내 소중한 아이들에게

누구나 세상에 올 때는
두 가지 재능을 지니고 온다
옳은 것과 그른 것
옳은 것을 실천하기는 힘이 들지만, 행복하고
그른 것을 따르기는 쉬우나, 기쁘지 못하다
세상 그 누구도 너에게
옳게 그르게 행동할 것을 요구하지 않는다
다만 너 자신이 실행할 뿐이다

ⓒ 백유신

것은 모두 가족 덕분이었다. 어떤 위기가 우리 가족을 덮쳐 오더라도, 화목한 가족 관계만 틀어지지 않는 한 우리는 어떤 어려움도 이겨 낼 것이라 믿는다.

김성호

안종우 安鍾佑 이야기

나는 음력 1938년 10월 2일에
태어났습니다.

코로나19로 인해 동네 경로당에는
못 나가지만, 목요일마다 학운동
무꽃동마을사랑채에서 그림 그리기와
공작품 만들기를 하고 있습니다.
그리고 매일 저녁, 아내와 동네
주변을 산보하고 있습니다.

가족들에게 보내는 한마디

심성이 착하고 아름다운 장남 백순, 차남 형순, 장녀 보영,
차녀 점옥, 네 남매가 우정과 의리를 끝까지 유지하고
행복하길 바란다.

내 인생의 키워드

나는 오직 정직과 청렴결백을 목표로 지금까지 살아왔다.
생이 다할 때까지 행동할 것이다.

유년과 청년기

나는 보성군 득량면 삼정리 430번지에서 아버지 안규정 씨와 어머니 박순숙 씨의 장남으로 태어났다. 어머니는 대대로 유학자를 배출한 진원 박씨 집안의 따님으로 한문에 능하셨다. 젊어서는 마을 사람들과 친척들의 혼서를 손수 써 주시기도 했다. 나이는 아버지보다 세 살 더 많으셨다.

내 진짜 생년월일은 1938년 10월 2일이지만, 주민등록상으로는 1939년 12월 29일이다. 그때는 홍역이나 이질 같은 병이 흔했고, 변변한 항생제나 병원이 없어서 태어나도 일 년을 채우지 못하고 죽는 아이가 많았다. 그래서 1, 2년간 지켜본 다음 등본에 올리는 경우가 흔했다.

나 역시 바로 아래 여동생과 12살 차이가 난다. 내 동생들 중 죽지 않고 지금까지 건강하게 삶을 이어 오고 있는 이는 네 명뿐이다.

어린 시절을 보낸 삼정리는 50여 채의 가옥이 있는, 시골 동네치고 비교적 큰 마을이었다. 우리 집은 마을에서 부유한 축에 속했다. 30여 단보(段步)의 전답이 있었고, 2명의 머슴을 고용하고 살았다.

당시 할아버지는 사랑방에 서재(書齋)를 열어 한문을 배울 학생들을 받았다. 서재는 책을 두고 글을 쓰는 방이라는 뜻도 있지만, 옛날에는 한문을 사사로이 가르치던 곳이라는 의미로 더 많이 사용되었다. 나는 할아버지의 서재에서 내 또래 아이들 10명과 함께 천자문과 명심보감, 소학 등을 익혔다. 그 책들을 모두 떼야 학교에 보내겠다는 할아버지의 뜻에, 나는 10세라는 늦은 나이에 국민학생이 되었다. 나와 함께 한문 서재에서 공부했던 동무들도 마찬가지였다. 책보자기를 어깨에 메고 3㎞ 떨어진 학교를 눈이 오나, 비가 오나 걸어 다녔다. 그래서 지금도 다리 힘이 좋은 것 같다. 학교에 다니는 6년간 결석한 적이 거의 없었다.

    공부도 열심히 했지만 노는 것도 열심히 했다. 겨울에는 논에서 학급 친구들과 함께 얼음 치기를 하고, 여름에는 냇가에서 물장난하며 그렇게 한 시절을 보냈다.

    그때 나와 함께 초등학교에 입학한 아이들은 모두 60명이었다. 8살짜리부터 10살을 훌쩍 넘긴 아이까지, 다양한 연령대의 친구들이 한 학급에 같이 들어왔다. 작은 시골 마을이었던 데다 한 학급의 인원수가 많지 않았기에, 졸업할 때쯤엔 모두가 서로 죽고 못 사는 동무가 되었다. 졸업식 날, 그 60명이나 되는 아이들이 헤어지는 것이 싫어서 교가를 부르다가 너 나 할 것 없이 울음을 터뜨렸다. 담임 선생님 역시 자기 반 아이들에게 정이 많이 들었는지 조용히 우셨다. 그때는 한 선생님이 학급을 맡으면 그 학급이 졸업할 때까지 죽 함께하는 방식이었다. 그때 우리를 가르쳤던 선생님은 지금도 살아 계셔서 매년 열리는 동창 모임에 빠짐없이 얼굴을 비추신다.

중학교, 고등학교, 대학교도 별일 없이 순탄하게 졸업했다. 나는 경기도에서 지방 공무원 공개경쟁 채용시험을 한다는 공고를 보고, 토목직에 응시했다. 결과는 합격이었다. 고양군에 위치한 교육장에서 공무원 교육을 받았다. 교육이 끝나고 첫 발령지가 정해졌다. 내가 갈 곳은 강화군이었다.

용산시외버스터미널에서 강화행 버스를 탔다. 도로가 제대로 포장되어 있지 않을 때였다. 자갈 때문에 버스가 덜컹거리고 먼지가 버스 안으로 들어오기까지 했다. 몇몇 손님은 멀미로 힘들어했다. 고된 여정이었다. 그렇게 2시간을 달려 김포와 강화도를 연결하는 갑곶나루 선착장에 도착했다. 거기에서 배를 타고 강화도로 들어갈 예정이었다. 배가 어찌나 컸던지, 버스가 배 안에 실렸다. 나는 안심했다. 지난 2시간의 탑승으로 지쳤기 때문이었다. 버스에서 내려서 배로 갈아타는 수고를 들이지 않아도 되어서 편했다. 갑자기 무장 군인 2명이 버스에 올라탔다. 승객들을 검문검색하겠다고 했다. 나는 긴장해서 몸이 바짝 굳었다.

군인에게 나는 공무원이고, 강화군에 발령받고 가는 길이라고 설명했다. 그는 그 말을 듣더니 처음 보는 나를 통과시켰다.

강화군에서

1960년대에는 포장도로라는 개념이 없었다. 전국적으로 도로 정비가 필요한 시대였다. 지방 도로는 대부분 자갈투성이 흙길이라고 봐도 무방했다. 강화군은 말할 것도 없었다. 그 때문에 강화군에 주둔하던 군인들은 자갈을 도로변에 쌓아 두었다가 도로 위에 골고루 뿌리는 일을 했다.

당시 강화군은 북한과 임진강을 사이에 두고 있어서 접적지역으로 분류되었다. 전쟁이 끝난 지 오래 지나지 않아 검문도 심했고, 주한미군 부대도 머물고 있었다. 그때 미군 부대에서 업무상 많은 도움을 받았다. 군수님과 부대를 방문해 협조를 부탁하면 그들이 덤프트럭으로 자갈을 운반해 주었기에 도로 정비가 한결 수월했다.

1964년에는 폭풍우가 왔다. 바닷가 방조제가 무너지고, 해수에 상당한 면적의 농경지가 매몰되었다. 지방 토목직 공무원들이 복구를 담당해야 했다. 그 업무로 한동안 밤을 새웠던 기억이 생생하다. 지금은 상상할 수도 없는 일이지만, 그때는 공무원들도 야근하던 시대였다. 그때는 그렇게 해야만 일이 추진되었다. 인근 주민들과 군인들도 서로 도우면서 방조제를 복구하는 데 애썼다.

강화군은 13개의 읍과 면으로 이루어진 큰 군이다. 황해도와 바로 마주한 지역이라 북한의 흑색선전 방송이 자주 들렸다. 고성능 스피커를 사용하는지 소리가 아주 쩌렁쩌렁했다. 그걸 매일같이 듣고 있노라니 남북통일이 하루속히 이루어지기를 고대하게 되었다.

강화군에서 3년을 근무했다. 마니산과 전등사가 있고, 수많은 외적으로부터 공격받았으나 나라를 지켜 낸 역사가 있는 땅이다. 나의 첫 발령지이자 그 외의 여러 이유로 내게 의미가 깊은 곳이다. 내 결혼도 강화군청에서 근무할 때의 일이었다.

우리 집안 당숙께서 중신을 알선하셔서, 나는 나보다 세 살 어린 임순재 규수와 처고모 댁에서 맞선을 봤었다. 중매로 만났지만 서로 뜻이 맞아 어렵지 않게 결혼했다. 결혼식은 전통혼례로 처가댁에서 치렀다. 아내는 1년 후에 장남 백순을 서울 처숙부댁에서 출산했다. 나는 강화도에서 지방 행정 업무를 익혔다. 그렇게 나는 삶의 현장 한가운데로 걸어 들어가고 있었다.

고향 보성군으로

강화군에서 근무를 시작한 지 3년이 지났을 때, 부모님께서 장남인 네가 고향에서 함께 있으면 좋겠다고 말씀하셨다. 나는 보성으로 돌아가 고향의 발전을 위해 성심껏 봉사하겠다고 다짐했다.

가뭄으로 인한 재해를 한해(旱害)라고 한다. 1968년의 한해는 지금까지도 잊을 수 없다. 모를 심은 논밭이 거북이 등처럼 갈라졌고, 푸르러야 할 농작물들은 벌겋게 타들어 갔다. 지금이야 기술이 좋아서 관정(管井: 지하수를 이용하기 위해 판 우물)을 파기도 쉽고, 댐도 여럿 건설되어 공급할 수 있는 물이 많아졌지만, 당시는 아니었다. 비가 내리지 않으면 농사를 지을 수 없기에 가뭄은 심각한 재해였다.

정부는 한해 대책령을 내렸고, 즉시 나를 비롯한 행정 공무원들이 동원되었다. 온갖 방법을 다 써 보았다. 관정도 파고, 저수지 바닥도 준설(浚渫)했다. 비가 올 때 저수지가 저장할 수 있는 물의 용량을 늘리기 위해서였다. 하천도 팠고, 각 읍면 사무소에 양수기를 배치해 물을 쓸 수 있도록 하는 방안도 시도했다. 양수기를 고치기 위해 수리공도 돈을 들여 배정했다. 하지만 비가 오지 않으니 어떤 방안도 무용지물이었다. 업무량이 살인적이기도 했지만, 힘들어하는 농민들을 옆에서 보는 것은 더 힘든 일이었다. 그해의 한해는 다시는 떠올리고 싶지 않은 기억이다.

나는 보성군 재직 중 많은 일을 했다. 대산천 제방 공사, 유산교 가설, 보성읍 봉산지구와 용무지구의 경지 정리, 보성읍 시가지 도로 확장 등을 비롯해 다 셀 수가 없을 정도다. 또 득량면 삼정리에 산불이 나서 사나흘 내내 산불 진압에 진을 뺐던 일은 아직도 잊히지 않는다.

1998년, 보성군청에서 같이 근무하던 동료들과 함께

부모님의 별세

어머니께서 중풍으로 쓰러지신 것은 내가 보성군에서 근무할 때였다. 병원에 방문했지만, 별다른 차도가 없었다. 아내의 간호에도 어머니는 회갑을 넘기지 못하고 돌아가셨다.

아버지는 어머니보다 몇 년 더 사셨다. 어머니가 돌아가시고 적적해 보이더니, 여자친구를 만나 광주에서 동거를 시작하셨다. 건장한 체구에 체력도 좋아서, 매일 새로 사귄 친구분들과 산수동 전망대까지 산책도 다니길래 오래 사시지 않을까 했는데 어느 날 식사하러 우리 집으로 오다가 고혈압으로 쓰러지시고 말았다. 급히 전남대학교 병원으로 모셨으나 일주일도 버티지 못하고 돌아가셨다.

옛말에 자식들은 부모님의 빈자리를 느껴야지 생전에 잘해 드리지 못한 걸 후회한다는 말이 있다. 나 역시 부모님을 떠올리면 죄책감이 든다. 두 분 다 회갑을 넘기지 못하고 가실 줄 알았다면 더 잘해 드렸을 텐데.

부모님이 돌아가시자 아직 어린 동생들은 오롯이 내 책임이 되었다. 내 손아래 여동생은 아버지가 살아 계실 때 시집을 갔지만, 나머지 세 동생은 아직 학교에 다니고 있었다. 동생 3명에 우리 부부의 자녀 4명까지, 우리 부부는 모두 7명을 건사해야 했다. 어깨가 무거웠지만, 그래도 우리 가족의 일이니 힘내 보기로 했다. 아내는 매일 아침

7명의 도시락을 챙기며 정성을 다했고, 나는 열심히 일하고 절약하며 돈을 모았다.

광산군으로 전출되다

1976년 2월, 나는 보성군에서 광산군으로 전출되었다. 광산군이 광주에 편입되기 전의 일이었다. 출퇴근하기 쉽도록 광주 동구 산수동으로 이사했다.

인수인계를 받는데 그린벨트 관리, 골재 채취(시멘트나 건축 자재로 쓰이는 모래, 자갈 등을 채취하는 행위), 하천 관리 등 군민들의 생활과 밀접하게 연관된 업무가 많았다. 사람들과 부딪혀야 할 일이 많을 것 같았다.

그린벨트는 박정희 대통령께서 만든 제도로, 푸른 산을 보존하기 위해 도시의 무질서한 확장과 건축을 규제하는 게 목적이다. 그린벨트 관리는 내가 맡은 많은 업무 중 하나였지만, 가장 바쁘고 중요한 일이었다. 군인들을 투입해 현장을 감사한다는 공문이 내려왔다. 나는 그린벨트에 해당하는 지역들을 시찰하며 현장 직원들을 독려하고, 불법으로 지어진 건물들이 잘 철거되고 있는지를 살폈다. 그렇게 신경을 기울였는데도 불법적으로 지어진 건물이 많이 적발되었다. 적발 건수가 많았던 곳의 면장은 면직당했고, 담당 공무원도 징계받았다.

하천 관리도 그린벨트 관리만큼이나 까다로웠다. 주요 하천 중 하나인 황룡강은 송정읍(현 광주 송정동)을 관통하며 흐르고, 또 다른 주요 하천인 영산강은 광주와 광산군 사이를 가로지른다. 두 강 모두 위치상 주민들의 생활 터전과 가까워, 홍수가 나면 주변 주민들이 피해를 입을 가능성이 컸다. 그런 곳의 수해(水害)를 줄이기 위해 제방을 쌓는 것이 하천 관리의 한 업무였다. 그런데도 인접한 곳의 주민들은 하천 제방을 파헤치고, 농작물을 경작했다. 나는 거의 매일 현장으로 가서 주민들에게 왜 제방을 파헤치면 안 되는지를 설명하고 원상 복구 시켰다. 하천 제방 관리 역시 건설부에서 매년 시찰하러 내려왔다. 하천 관리 미흡 사실이 적발되면 건설부에서 문책을 받는다. 또 시찰 기간이 정해져 있는 게 아니기에 항상 긴장 상태였다.

 당시에는 모든 행정 업무가 중앙 정부 중심이었다. 중앙에서 결정하고 하달하면 지방 정부는 군말 없이 따라야 했다. 지금은 지방 자치화로 인해, 지방 정부에서 주도적으로 행정을 처리한다고 한다. 그때와 업무가 어떻게 달라졌을지 궁금하다.

전라남도 새마을 지도과로

 광산군 다음 발령지는 전라남도 도청 새마을 지도과였다.

1970년대는 새마을 운동 관련 업무가 행정의 70% 정도를 차지하던 때였다. 정부의 지원이 활발했고, 인력도 많이 필요했다. 시군별 업무 추진 정도와 실적을 점검하고, 우수한 마을과 낙후한 마을 지원 결과를 보고서로 작성해, 내무부에 제출하는 것이 나의 업무였다. 내무부는 조선총독부 건물 안 정부종합청사에 자리하고 있었고, 방문 시에 반드시 왼쪽 가슴에 공무원증을 달고 출입해야 했다.

매년 전국 새마을지도자대회가 각 시·도청 소재지에서 개최되었다. 대통령이 직접 참석하기까지 하는 큰 행사였다. 새마을 운동에 적극적으로 참여하고 성과를 낸 마을은 표창장과 시상금을 받았다.

이때 새마을 운동으로 사실상 우리 한국 농촌의 인프라가 구축되었다고 해도 과언이 아니다. 당시 한국은 개발도상국이었고, 도로 정비나 토지 개발을 시작하는 상태였다. 한국의 초가집은 이때 다 양옥집으로 교체되었다. 지금도 사용되고 있는 시골의 시멘트 도로나 수로, 온갖 시설물들이 대체로 이때 만들어진 것이다. 이 일을 감독한 것은 전부 지방 공무원들, 특히 그중에서도 토목직의 몫이었다. 한창 일이 많은 시절이었다.

바쁜 날을 보내는 중, 1980년 5월이 찾아왔다. 그 사이 정권이 두 번 바뀌고 광주에 계엄령이 선포되었다. 전남대학교와 조선대학교 등 광주 시내 주요 대학의 학생들이 도청 앞 분수대 주변으로 구름같이 모여든 채

안종우

독재 정권 물러가라는 구호를 외쳤다. 내가 근무하는 사무실은 도청 본관 2층에 있어서 그 광경이 잘 보였다. 소리 역시 여과 없이 들렸다.

　시위는 약 3~4일간 이어졌다. 그리고 5월 18일, 무장 군인들이 트럭을 타고 나타나 학생들을 강제로 해산시키려고 했다. 학생들은 당연히 저항했다. 군인들은 진압봉으로 이들을 두들겨 패고, 그 주변의 시민들을 강제로 군용 트럭에 태워 어디론가 사라졌다. 나는 그것을 목격했다.

　이 일로 시민들까지 동참해 시위의 규모가 커졌다. 군인들의 진압 방식 역시 더욱 잔인해졌다. 많은 희생자가 발생했다고 한다. 나는 그 모습을 보지 못했다. 도청에서 위험하니 출근하지 말라고 공고가 내려와서 5일간 시내로 나가지도 못하고 집에 있어야 했기 때문이었다.

　그리고 며칠째 밤이었을까, 밖에서 젊은 여자의 가냘픈 목소리가 들려왔다. "광주 시민 여러분, 오늘 저녁 무장 군인들이 도청을 점령한다고 하니 도청으로 나와 주세요." 너무나 애처로워 그 목소리가 귀에 생생하게 박혔다.

　나중에 들은 것인데, 그 여자분의 이름이 '박영순'이라고 했다. 5·18민주화운동 당시 가두방송을 진행하던 사람 중 하나였고, 방송이 끝나고 계엄군에게 끌려갔다고 했다.

　내가 다시 도청으로 나왔을 때는 상황이 어느 정도 정리된 직후였다. 부서진 건물과 엉망이 된 도로가 눈에 들어왔다. 시내는 폭풍이 몰아친 것 같았다. 도청 앞 상무관은 시신이 안치된 관으로 발 디딜 틈이 없었다. 유가족들의 통곡 소리가 귀에 쟁쟁 울렸다. 실신하는 사람도 있었다. 끔찍한 광경에 가슴이 저렸다.

완도군 건설과장으로 발령받다

1981년 5월 15일, 나는 완도군 건설과장으로 승진 및 발령받았다. 주변의 찬사와 충고, 격려에 힘입어 완도군으로 향했다. 가족들을 다 데리고 갈 수는 없었기에 가족들은 광주에 남고, 나만 완도군으로 향했다.

완도군은 남해의 작은 섬들을 합쳐 만든 군으로, 김, 미역, 전복 등 해산물 양식이 풍성하게 이루어졌다. 일본에서 상인들이 많이 찾아와서 돈의 유입이 많은 지역이었다. 완도군에서는 길 지나는 강아지도 만 원 지폐를 물고 다닌다는 우스갯소리가 나돌 정도였다. 그러나 가 보니 소문만큼 돈이 넘쳐나지는 않았다.

완도군으로 가기 전에 언행을 조심하라는 충고를 들었다. 당시 완도군은 육지와 연결되지 않은 섬이었다. 특히 완도군 도청 소재지인 완도읍의 주민들은 같은 섬사람들끼리 결혼하기 때문에 대부분 사돈에 팔촌 지간이고, 그 때문에 행동 하나만 잘못해도 온 동네에 소문이 퍼질 거라고 했다. 외지인에게 불친절할 것이라는 얘기도 들었다. 걱정되었으나 현실은 그렇지 않았다. 억세거나 모난 사람이 거의 없었다. 대체로 친절했고, 공무에 협조도 잘해 줬다.

애로가 없었던 것은 아니었다. 한번은 부둣가 해안 도로에서 군청까지 이어지는 1㎞짜리 진입로의 도로 폭을 확장하는 사업이 진행되었다. 사업비가 부족해서 도로 인접 거주민들에게 공사비 20% 정도를 받으려고 했는데 몇몇 주민들이 응하지 않아서 설득하느라 고생했다. 도로가 넓어지면 인근 지역의 땅값이 오를 테니, 주민들이 손해 보는 것이 아니라고 해도 설득하기가 쉽지 않았다.

1982년, 극심한 한해로 대야저수지의 물이 고갈된 적도 있었다. 상수도 수원지 역시 물 부족 상태가 되어서 한동안 식수 공급에 신경을 써야 했다. 자연재해는 언제든지 예상치 못할 때 찾아오는 것 같다.

그해 완도수산고등학교 인근 바다를 매립하고 그 땅을 주민들에게 분양해 상당한 수익을 올렸다. 시외버스터미널까지 매립지로 옮기려고 했으나, 주민들의 반대가 심했다. 터미널을 옮기면 읍민들이 2㎞의 거리를 걸어서 이동해야 한다는 것이 주민들이 반대하는 이유였다. 설득과 대화 끝에 시외버스터미널을 옮기는 데 성공했고, 당시 주민들의 반대가 무색하리만치 아직도 잘 사용되고 있다.

안종우

같은 해, 승진시험을 쳤다. 그때는 일정 직급 이상 되는 공무원들은 내무부에서 주관하는 시험을 쳐야 했다. 시험에서 일정 점수 이상을 받지 못하면, 원래 자기 직급에서 밀려났다. 완도에 오면서 5급 건설과장으로 승진되었으므로, 나 역시 대상자였다.

    시험을 10여 일 앞두고 서울에 올라가니 먼저 도착한 몇몇 동료들은 학원에 다니며 시험을 준비하고 있었다. 나는 낙방하지 않을까 두려웠지만, 흔들려선 안 된다고 마음을 다잡았다. 시험 당일에 마음을 안정시키기 위해 우황청심환을 먹고 들어갔다. 결과는 합격이었다. 이후로 완도에서 조금 더 근무하다 담양군으로 발령받았다.

담양군으로

    1982년 9월, 담양군에 건설과장으로 발령받았다. 완도와 달리 담양군은 광주와 가까웠기 때문에 산수동의 집에서 출퇴근할 수 있었다. 아침 8시에 집에서 출발해 광주 시외버스터미널로 가서 담양행 버스를 타고 군청으로 향하는 일이 매일 반복되었다. 사람이 많은 날이면 가는 내내 서 있어야 했다. 당시 나는 43세였다. 젊은 나이도 아닌데 이런 강행군을 매일 반복하는 것이 고통스럽기도 했다.

그러나 돌이켜 보면 그때가 내 인생의 전성기였다. 가족들은 내 삶의 원동력이었다. 나는 아내와 함께 3명의 동생과 4명의 자녀를 키우고, 가장으로서 집안 대소사를 챙겼다. 사회생활 역시 정점에 이르러 무엇 하나 한가한 게 없었다. 세월이 흐른 지금, 다 큰 자식들과 동생들은 어엿한 직장을 얻고 가정을 꾸려 우리 부부 곁을 떠났다. 지금은 동생과 자녀들 모두 남부럽지 않게 잘 살고 있다. 자녀들은 모두 대학을 졸업했다. 차남과 차녀는 대학 교육만으로 부족했는지 대학원에 진학해 박사 학위까지 받았다. 지금은 둘 다 대학교수로 일하고 있다. 큰사위도 국립대학교에서 교수로 일하는 중이다. 2021년에는 한국해양대학한림원에서 석학회원 증서도 받았다.

이 모든 결실에는 아내의 노고가 가장 크다. 아내는 내 뒷바라지뿐만 아니라 7명의 아이 뒷바라지까지 묵묵히 감당했다. 아내가 없었다면 나는 이런 결실을 볼 수 없었을 것이다.

당시 거주하던 산수동 집은 오래된 한옥이었다. 비가 오면 기와지붕에서 빗물이 새고, 대가족이 살기엔 좁았다. 큰마음을 먹고 한옥을 철거한 뒤 그 자리에 벽돌 양옥을 올렸다. 공사는 10여 개월이 걸렸다.

순천시청에서

1985년 10월, 순천시청에 부임했다. 광주에서 출퇴근하기엔 거리가 멀어서 순천 저전동에 자취방을 마련했다. 가족들은 광주에서 살고, 주말이면 놀러오곤 했다.

당시 순천은 전기 통신 시설을 지하로 옮기는 공사가 한창이었다. 도로를 파헤치는 과정에서 교통이 어지러워졌고 시청은 시민들의 불편을 최소화하는 일에 공을 들이고 있었다.

거의 모든 업무가 순천 시민들의 생활과 연결되어서 까다롭고 어려운 일들이 많았다. 순천시 중앙로에 지하상가를 건설하겠다는 업체가 방문한 적이 있었는데, 검토해 보니 사업성이 괜찮은 듯해 추진하려고 했다. 그 소식을 들은 주변 상가 주인들이 시청 앞으로 몰려와 시위하며 소란을 일으켰다. 도저히 업무를 볼 수가 없었다. 다행히 그 시점에 내무부에서 유능한 시장님을 파견했다. 시장님이 상가 대표들을 설득해서 지하상가 공사를 추진할 수 있었다.

그 외에도 많은 일이 있었다. 국토관리청에서 하천에 풍덕교를 세우려고 했는데 그 폭이 150m나 되다 보니 다리의 규모도 커졌다. 그런데 교각(橋脚)이 너무 크다며, 사람이 들어갔을 거라는 소문이 돌았다. 국토관리청에서 인신 공양을 했다는 것이다. 이 해괴한 소문에 신문사에 전화가 오기도 했다.

1987년, 순천시가 간부급 공무원들을 위해 신축한 한경아파트를 분양받았다. 가족들은 산수동 집에서 살고 나는 분양받은 아파트에서 혼자 살았다.

여수시 건설과로

1989년 2월, 여수시 건설과로 발령받았다. 여수시에서 배정해 준 주거용 아파트에서 생활했다. 내 업무 중 하나는 하수도 관련 회계였다. 복잡한 일이었기에 하수도 시설 계획과 개보수에 신중한 태도로 임했다. 그때쯤 오동도 관광지 입구의 자산공원 지하에 터널을 150m 정도 뚫어 그 안에 상가를 조성하겠다는 계획서가 업체로부터 접수되었다. 검토한 뒤 괜찮다고 판단되어 공사에 착수했으나, 예상치 못한 난관이 있었다. 지질이 암반으로 형성되어 파내기가 어려웠다. 난공사에 업체가 몇 번 바뀌었다.

가장 힘들었던 일은 중앙 정부에서 내려온 노점상 정비 계획 때문에 시장을 감찰하고 단속하는 것이었다. 전국의 시장 대상이었고 여수 서시장도 예외는 아니었다. 동사무소 직원들이 이른 아침부터 불법으로 자리를 잡은 노점상과 가판대를 철거하고 단속했다. 하지만 공무원들이 떠나면 곧바로 다시 몰려왔다. 상인들과 실랑이를 반복해야만 했다. 지지부진한 과정이었다.

1989년 8월에는 대형 태풍이 여수를 관통한다는 기상특보가 내려왔다. 피해를 우려해 선박을 국동항에 집결해 고정하고, 취재를 위해 모여든 기자들과 시청에 모여 기상특보를 들었다. 긴장감에 침묵이 흘렀다.

그러나 태풍은커녕 강한 바람도 느낄 수 없었다. 기상특보에서 설명이 흘러나왔다. 태풍이 지나가는 중인데, 여수가 태풍의 중심권이라 큰 피해는 없을 것이라고 했다. 태풍의 중심은 오히려 고요하다는 말을 듣고 긴장이 풀렸다.

다시 보성군으로, 그리고 나주시로

1992년, 다시 보성군으로 돌아왔다. 미력면 살래마을과 회천면 군농지구와 명교지구의 농경지 구획을 정리하고, 보성읍과 벌교 상수도 배수지를 공사했다. 그 외에도 벌교 내 침수 예방 시설 건설, 도로 확장 공사를 주관했다.

보성군에서 일한 지 2년 차인 1994년 3월, 나주에 도시과장으로 부임했다. 나주는 산수동 자택에서 출퇴근할 수 있었다.

당시 나주에서 녹지 관련 업무는 도시과로 분류되었기 때문에 내가 고생을 많이 했다. 1994년 5월에는 거의 매일 산불이 났다. 진화에 시청 전 직원이 애먹었던 게 기억난다. 엎친 데 덮친 격으로 직후에 한해(旱害)가 덮쳤다. 양수기로 물을 뽑아 올리느라 많은 수고가 들었다. 호남선 철도화 사업도 내가 있을 때 추진되었다. 부지 매입을 나주시에서 주관하게 돼서 용산 철도청에 방문하기도 했다. 시청 앞 송월동 도로 경사를 깎고, 너비를 확장했고, 왕곡면에 지방 공단을 만들려고도 했으나, 진척되지는 않았다.

해외 관광

나주시에 근무하던 당시, 미국에 10일간 다녀올 기회를 얻었다. 전남도청에서 선진지 답사라는 명목으로 시군과장급 공무원 7명을 해외에 보내 주기로 했는데, 그중 한 명으로 내가 차출된 거였다. 나는 인천공항에서 비행기를 타고 뉴욕 공항에 도착했다. 우선 국제 연합 본부를 방문하고, 자유의 여신상을 관람했다.

뉴욕 거리엔 쓰레기와 노숙자들이 널려 있었다. 빈민촌에는 벽마다 낙서가 그려져 있고 폐기물이 눈에 띄었다. 뉴욕을 세계에서 가장 발전한 도시로 생각했는데 막상 와서 보니 기대와는 달랐다.

세상에서 제일 넓은 공원이라는 센트럴 파크에도 가 보았다. 조깅을 하는 미국인들이 많았다. 나이아가라 폭포도 갔다. 대형 선박에 탄 채 폭포 인근까지 접근했고, 그 위용에 세계 제일의 폭포라는 것을 납득할 수밖에 없었다. 다음으로 향한 곳은 시카고였다. 그곳 시청사 건물은 세계에서 가장 잘 지어진 시청 건물이었다. 다음 목적지로 가기 위해 들른 시카고 오헤어 국제공항은 아주 큰 공항이었다. 듣자 하니 2분마다 비행기가 이착륙하고 있다고 했다.

라스베가스는 도박장으로 유명한 곳이다. 커다란 파친코 시설에서 게임도 해 보고, 시내도 둘러보았다. 유흥의 도시라는 별명답게 라스베가스의 밤은 화려했다. 안내원이 시내 중심가의 조명 시설을 LG전자에서 준공하였다고 설명했는데, 그게 사실이라면 우리나라의 기술력이 참 대단하다는 생각이 들었다. 그 이야길 듣고 나니 조명 불빛이 더욱 황홀하고 아름답게 보였다.

다음 여행지는 미국 서부의 그랜드 캐니언이었다. 와, 하고 탄성이 절로 나왔다. 보는 것만으로 압도당할 정도로 거대한 협곡이었다.

LA에서 1박하고 샌프란시스코에 가서 태평양 방향으로 향하는 관광선을 탔고, 금문교도 건넜다. 이 외에도 상수도 시설과 하수 처리 시설 등 우리보다 월등한 기술을 가진 선진지를 관람했다.

미국의 수도인 워싱턴에서는 미국 국회의사당과 알링턴 국립묘지를 방문했다. 캐나다로 넘어가서는 밴쿠버에서 하룻밤을 머물고, 앨버타주의 캘거리로 향했다. 캘거리는 88년도 동계올림픽 개최지로 유명한 곳이다. 로키산맥도 빼놓을 수 없는 여행 장소다. 대형버스를 타고 그곳에 갔던 것으로 기억한다. 설경이 눈부시게 아름다웠다. 산을 덮고 있던 얼음을 녹여 만든 물을 줘서 먹었다. 참으로 의미 있는 여행이었다.

퇴직한 후 보성군에서 살 때도 해외여행을 갔다. 퇴직공무원들의 모임인 행정동우회 사람들과 중국의 상하이, 성주, 항주를 다녀왔다. 중국에서 가장 기억에 남았던 건 공원에서 남녀가 함께 춤추던 모습이었다. 또 아이들이 효도 관광으로 태국에 보내 준 적도 있었다. 일주일간 태국에 머물면서 왕궁을 비롯한 관광지를 보고, 해수욕을 즐겼다. 열대 과일도 먹었다. 아내가 다니던 절의 불교신도회 회원들과 캄보디아에 간 적도 있었다. 주로 앙코르와트를 관광했던 기억이 난다.

나 혼자 일본에 다녀오기도 했다. 여행지는 현재 원폭 피해지역인 히로시마였다. 그곳에서는 히로시마 평화기념관을 찾아갔다. 일본에는 그 뒤로 한 번 더 갔는데, 그때는 규슈에 갔다. 4박 5일짜리 가족 여행이었다. 기타큐슈 국제공항에서 내려, 일본에서도 유명한 벳푸 온천과 아소산의 분화구를 가 보았다. 이후 맛집을 다니며

아내, 그리고 원효사 교우들과 함께 캄보디아 앙코르와트에서

일본 음식을 먹었는데, 전부 맛있어서 뭐부터 말해야 할지를 모르겠다. 그리고 마지막 밤을 일본의 전통 숙박시설인 료칸에서 보내고 귀국했다. 패키지여행이 아니라 자녀들이 짠 일정에 따라 움직였다. 이동 역시 차남인 형순이가 중형차를 빌려 운전해서 교통비는 별로 나가지 않았다.

이렇게 정리하고 보니 내가 생각보다 해외여행을 많이 다녔다는 게 실감난다. 일도 열심히 하고, 기회가 되면 여행도 다녀오면서 항상 최선을 다해서 살아왔구나 싶다.

그렇게 살아가던 1995년 1월 7일, 나는 고향 보성으로 돌아왔다. 시군에는 토목직 TO가 한정되어 있어서 승진하지 못하고, 호봉만 상향되었다. 나는 사무관으로 근무하다가 김대중 대통령이 취임하면서 2년이나 앞당겨 명예퇴직 당했다. IMF로 한국경제의 회생이 어렵다는 이유였다. 앞이 깜깜했다.

아내와 나는 산수동 집을 매각하고 보성군 득량면의 옛날 집터에 검은색 벽돌로 양옥을 짓고 이사했다. 그때 내 나이 61세였다. 그리고 3,000여 평의 농토에 벼농사를 짓기 시작했다.

보성군 제1호 여성 이장, 우리 아내

아내가 이장으로 취임한 것은 2000년도 말의 일이다.

이장을 뽑는 마을회관 주민총회에서 동네 부녀회장님께서 아내를 이장 후보로 추천했다. 주민들도 거기에 반대하지 않았다. 아내가 총명한 사람이라는 것을 다 알았던 것 같다. 그렇게 아내는 보성군 첫 여성 이장이 되었다.

  아내가 가장 먼저 한 일은 낡은 마을회관을 헐고 슬래브 벽돌 주택으로 신축하는 거였다. 또한 더 좋은 주민들의 휴식처를 마련하기 위해 마을 정자를 돌기둥으로 신축했다. 상수도를 대형 관정 지하수로 보급하고 마을 진입 도로를 2차선까지 확장하고 아스팔트를 깔았다. 아내는 다리도 두 개 세우고 농로 포장 등 마을 인프라 구축에 최선을 다해서 전남도청에서 보성군수 모범이장 표장까지 받았다. 7년 동안 이장으로서 마을에 봉사한 덕분인지, 전남도청에서는 도내의 여성 이장 7명을 대상으로 5일간 일본으로 선진지 견학을 보내 줬다.

나의 병고, 고마운 자식들

  어느 날 온몸에 식은땀이 흘렀다. 원래 고혈압과 고지혈증으로 약을 먹고 있었는데 그날따라 몸이 이상했다. 서둘러 택시를 타고 전남대학교병원 응급실로 갔더니 심근경색이라는 진단을 받았다. 가슴을 여는 수술을 받고 1개월 만에 퇴원했다. 그리고 지금까지 심장약을 복용하고

안종우

있다.

  2016년 10월 19일, 자녀들이 전화를 걸었다. 광주의 식당에서 가족회의를 할 예정이라고 했다. 가 보니 자녀들은 생활비로 쓰라며 공동명의로 발급받은 체크카드를 건네주었다. 현재까지도 잘 사용하고 있다. 참 효심이 깊은 아이들이다.

아내의 병고

  2020년도 초부터 아내가 이상한 행동을 보이기 시작했다. 똑똑하고 영리하던 사람이 기억력이 떨어지더니, 인지능력도 흐려진 것처럼 보였다. 설마 하는 마음에 아내를 데리고 치매 전문 병원에 가 보았더니, 치매 초기라는 판정을 받았다.

  처음에는 득량면 마천리의 천사노인복지센터를 드나들며 여러 도움을 받았다. 소식을 들은 자식들은 광주로 이사하라고 했다. 노인 둘이서 시골에 살면 고생만 하고 자식들에게 도움받기도 어렵기 때문이었다. 그리하여 학운동 보라맨션에 전세로 입주해 지금까지 살고 있다. 소태동 대해노인복지센터에 다니고 있고, 매일 저녁이면 아내와 산책한다. 얼마 전에는 요양보호사 자격시험을 통과해 나도 요양보호사로 활동하고 있다.

안종우

가족사진

복지관에서 받는 90분 방문 요양 외에는 내가 계속 아내를 돌본다. 밥도 하고 세탁기도 돌리고 청소도 한다. 나 역시 건강이 좋은 편이 아닌 데다가 나이까지 들어서 몸이 힘들다. 하지만 나와 결혼하고 나서 고생하면서도 불평 한마디 안 한 아내를 생각하면 불쌍하고 애처롭다. 내가 너무 고생시켜 저렇게 된 건가, 내 부족함 때문인 것만 같아 마음이 아프다. 비록 호강시켜 주지는 못했지만, 아내를 돌보는 것만은 끝까지 할 것이다.

그리고 자랑스러운 손자 손녀들에게
장남이 낳은 우리 손자 병수, 손녀 소형,
장녀가 낳은 우리 손녀 규리, 누리, 손자 재우,
차녀가 낳은 우리 손녀 시온, 손자 정욱,
차남이 낳은 우리 손녀 유진, 손자 병희에게

누구 한 사람 빠짐없이 영특하고 똑똑하여 각자의 위치에서 국가와 민족을 위해 열심히 일하고, 공부하고 있어 마음이 든든하다. 우리나라의 튼튼한 기둥들이 되어 주기를 바란다.

김홍기 金弘基 이야기

산 좋고 물 맑은 전라남도 강진군
병영면 낙산리에서 1956년 10월 20일
태어나다.

뒤돌아본 한평생은
일장춘몽(一場春夢).
마음은 아직 신형 엔진인데 몸은 벌써
폐차장.
진흙탕에 뒹굴어도 이승이 좋다나.
울고 웃고, 사랑하고 미워하며,
아옹다옹 살아온 삶이 그래도 그리워!
더 나은 본향을 향해 마지막 항해를
시작한다.

가족에게 보내는 한마디

사랑하는 부모 형제, 아내, 아들과 며느리, 딸과 사위
그리고 손주들.
가족으로 인연 맺게 되어 고마워요!
남은 삶과 하늘나라에서도 함께할 수 있기를.

내 인생의 키워드

꿈, 비전, 끊임없는 도전

동행

빈손으로 와서 맨손으로 가는 인생
아무 계획 없이 왔다 모든 것 두고 간다

많은 사람 여러 일 겪어도 혼자일 때가 많아
스쳐 가는 바람에 까만 밤 하얗게 지새운다

내 힘으로 한 것이 얼마며
내가 이룬 것은 몇이나 되나

누군가의 섭리로 이곳에 보내졌고
뭔가의 힘에 의해 오늘을 살았다

아침에 일어나면 먼저 인사하는 새들
길을 걷다 보면 반갑게 미소하는 들꽃

주변의 허다한 손과 발과 얼굴
나라와 민족 권세들이 내 삶을 풍성하게 했다

벗으로 교감하고 선의로 겨루며
한 생을 풍미하니 모두 나의 동행이라.

어린 시절 이야기

빨간 젖꼭지

나는 1956년 10월 20일, 전남 강진군 병영면 낙산리에서 삼남 일녀 중 막내로 태어났다. 형 두 명과 누나 한 명이 더 있었으나 전란(戰亂)으로 죽었다고 들었다. 이후 삼남 일녀 중 누나와 큰형은 일제 말기 만주에서, 작은형과 나는 한국 전쟁 직후 강진에서 태어났다. 어머니는 큰형을 낳은 후 십여 년간 아이가 생기지 않자 출산은 더 없을 거라고 생각하셨다. 어느 날 황소가 배를 들이받는 꿈을 꾸셨다. 그렇게 작은형이 태어났다. 다음 해에는 나까지 태어났다. 그 바람에 작은형은 어머니 젖을 일찍 떼고 염소젖을 먹어야 했다. 어릴 때 형의 체력이 약한 게 나 때문인 것 같아 늘 미안한 마음이 있었다.

어머니에게 들은 바에 따르면, 나는 대여섯 살이 되도록 어머니 옆에서 자고 젖도 떼지 않았다. 어머니는 내 버릇을 고치고자 본인의 젖꼭지 주변에 아까징끼(일본에서 개발된 소독약의 이름, 요즘은 '빨간약'으로 잘 알려져 있다.)를 발랐다. 그러나 내가 빨간 젖꼭지를 보고 하도 구슬프게 울어서, 어머니는 아까징끼를 닦아 내고 다시 젖을 내어 주셨다. 그러던 어느 날, 무슨 이유에서인지 밖에서 놀다 들어온 내가 "엄마, 이제 젖 안 먹을게!"라고 선언했다. 정말 더는 젖을 찾지 않더니 잠도 작은형 옆에서 잤다고 한다.

김홍기

나는 기억하지 못하는 이야기다.

   기억에 뚜렷하게 남아 있는 것은 내가 장성한 이후, 어쩌다 보게 된 어머니 젖의 모습이다. 어릴 적 내가 하도 빨아 댄 탓일까, 아니면 논밭일을 할 때마다 천으로 질끈 동여매셨기 때문일까. 어머니의 가슴은 바람 빠진 풍선처럼 처진 채로 몸에 납작 붙어 있었다. 그러나 모양이 달라졌어도 그것은 나의 영원한 고향이다. 한 시절, 기꺼이 나의 밥통과 장난감이 되어 주었다. 지난날을 떠올려 보니 어머니의 빨간 젖꼭지가 더욱 그리워진다.

흉터들

   내가 어릴 적에는 입을 게 마땅치 않았다. 아이들의 경우 더운 여름에는 아예 옷을 벗고 살았다. 시골의 남자아이들은 고추까지 드러내고 흙바닥에서 뒹굴며 놀았다. 그래서 이때 우리는 서로를 '깨복쟁이('벌거숭이'의 전라도 사투리)'라고 불렀다.

   내가 한창 깨복쟁이로 다니던 서너 살일 때쯤의 일이다. 비가 오는 날에는 밖에서 놀 수 없으니 특별히 할 일이 없어서 군것질로 콩을 볶아 먹곤 했다. 그날도 큰형은 아궁이에 불을 피우고 냄비에 콩을 볶았다. 고소한 냄새가 온 집 안에 진동하자 나는 군침을 삼키며 부엌으로 달려갔다. 형은 연기가 자욱한 부엌에서 눈이 뻘게진 채 콩이 타지 않도록 숟가락으로 이리저리 휘젓고 있었다. 내가 냄비 밖으로 떨어지는 콩알을 주워 먹으려고 다가가자, 형이 "저리 가야!" 하며 밀쳐 냈다. 그때 형의 손에 들린 달궈진 숟가락이 내 맨살에 닿고 말았다. 배꼽 근처가 뻘겋게 달아올랐다. 화상 치료제가 귀하던 시절이라 제대로 치료하지 못해 물집이 생기고 흉이 졌다.

   육십여 년이 지난 지금도 흉터는 그대로 남아 있다. 목욕할 때마다 그때 일이 떠오르곤 한다. 몇 년 전 가족 모임에서 큰형님께 이 이야기를 했더니 "그런 일이 있었냐?"며 미안해하셨다. 엄하고 무섭던 큰 형님이 지금은 아주 자상해지셨다. 이렇게 터놓고 대화하고 나니 그 흉터는 형제간의 이해와 포용의 상징이 되었다.

김홍기

   오른손 엄지손가락에도 흉터가 있다. 사마귀를 양잿물로 뽑아낸 흔적이다. 당시에는 아이들 사이에서 흔하게 볼 수 있었다. 처음에는 심심풀이로 물어뜯었다. 오른쪽 손가락에 도톰히 솟아 있어 이를 데기에 좋았고, 아프지도 않았다. 그런데 아무리 물어뜯어도 사라지지 않자 없애고 싶다는 마음이 들어 연필 깎는 칼로 잘라내기도 했다. 그러다 피도 봤지만 없애지는 못했다.

   고민 끝에 수를 낸 것이 어머니가 빨래할 때 쓰시던 양잿물이었다. 양잿물은 서양에서 들어온 잿물이라는 뜻으로 수산화나트륨을 말한다. 나는 단백질을 녹이는 효과를 이용해 사마귀를 없앨 작정이었다. 양잿물을 고체화한 덩어리를 사마귀 위에 올려놓으니 살이 흐물흐물 녹아내리며 엄청난 통증이 시작됐다. 이를 악물고 견딘 끝에 사마귀는 뿌리까지 뽑혔다. 이때 생긴 흉터는 스스로 사마귀를 없앴다는 뿌듯한 증거이자 훈장과 다름없다.

    몸의 상처보다 마음의 상처가 더 아프고 오래 간다. 고3 때의 일이다. 나는 친구들 사이에서 '모범생' 혹은 '착실 과장'으로 통했다. 더운 여름, 쉬는 시간이면 너 나 할 것 없이 밖에 나가서 시원한 바람을 쐬는데 나는 자세도 흐트러지지 않고 딱딱한 의자에 앉아 공부했기 때문이다. 이런 내 모습이 못마땅했던 걸까. 어느 날 한 친구가 수업이 끝난 뒤 나를 공터로 데려가 대뜸 싸우자고 했다. 나는 싸울 생각이 없다고 말했지만 그는 곧장 내 눈탱이(눈두덩이)를 가격했다. 눈앞이 아득했다. 손을 휘저으며 그만하라고 소리쳤다. 그러나 그는 나를 그렇게 두들겨 패 놓고선 이유도 알려 주지 않고 가 버렸다. 사십삼 년이 지나, 고3 반창회를 한다는 소식이 들렸다. 담임선생님과 친구들이 보고 싶어 나갔더니 나를 폭행한 그 친구도 와 있었다. 그때 왜 싸움을 걸고 나를 때렸는지 물어보고 싶었으나 말이 나오지 않았다. 내 마음의 상처는 아직 아물지 않았나 보다. 언젠가는 그 이유를 들어 보고 서로에게 오해가 있다면 풀고 싶다.

    상처가 생길 당시에는 시리고 아프다. 세상이 끝나는

것 같은 고통을 안기기도 한다. 그러나 상처가 나를
성장시키고 인생을 풍성하게 만든다는 사실도 부정할
수 없다. 그래서 어떤 흉터는 추억의 각인처럼 보인다.
상처받은 사람들이 부디, 조금만 더 참고 이겨 내길 바란다.
저마다의 상처와 흉터를 안고 살아가는 모두에게 응원의
박수를 보낸다.

청소년기 이야기

짧아진 당목 체육복
 요즘 학생들은 체육 시간에 추리닝을 입는다. 신축성이
뛰어나 활동하기 편하고, 때가 묻어도 세탁이 쉬운 옷이다.
색상과 재질이 다양하여 외출복으로도 즐겨 입을 수
있다. 그러나 내가 중학교에 다닐 때는 그런 게 없었다.
돈이 좀 있는 집의 아이들은 포플린 체육복을 입었고,
그렇지 못한 아이들은 당목(唐木) 체육복을 입었다. 당목
체육복은 신축성이 떨어져 주름이 잘 생기고, 세탁을 자주
하면 탈색되고 줄어들었다. 발목을 감싸던 게 어느새
칠부바지가 되어 있었다. 요즘이야 찢어진 바지나 짧은
바지도 멋이라고 하지만 당시에는 여간 부끄러운 일이
아니었다.
 병영중학교 2학년, 중간 체조 시간이었다. 그 시간에는

전교생이 체조하러 운동장으로 나가야 했다. 늘 하는 것이다 보니 장난만 치는 아이들이 많았다. 나도 체조만 하기에는 지루해서, 고개 운동을 할 때 음악에 맞추지 않고 이리저리 고개를 돌렸다. 그러다 구령대 위에서 지도하시던 체육 선생님 눈에 걸렸다. 나는 앞으로 불려 나가 구령대 위에 무릎을 꿇고 앉아 있게 되었다. 체조 시간이 끝나자 교실로 돌아가던 아이들이 나를 보고 킥킥거렸다. 여학생들도 입을 가리고 웃으며 지나갔다. 나는 부끄러워서 고개를 깊이 숙이고 바닥만 내려다보았다. 누렇게 바랜 당목 체육복이 눈에 들어왔다. 안 그래도 짧은 체육복이 그날따라 유난히 짧아 보였다. 더욱 창피해진 나는 다리를 한껏 움츠렸다.

    우리가 살았던 병영은 장사꾼이 많기로 유명한 지역이었다. 이북에는 개성상인, 이남에는 병영 상인이라는 말이 있을 정도였다. 병영 상인들은 어둑어둑해질 때까지 장사하다가 밤이면 짐을 정리해 다음 장소로 이동했다. 열 대가 넘는 도락구(トラック, 트럭의 일본식 발음)가 줄을 지어 기알재와 돈밧재를 넘는 동안, 상인들은 짐짝 사이에서 살을 에는 듯한 겨울바람을 맞으며 밤을 넘겼다. 새벽녘이 되어서야 영암에 도착한 상인들은 장터 식당 방에서 잠을 청하고, 날이 밝으면 장사를 시작했다.
    우리 큰형님도 1960년대 후반에 병영, 영암, 성전,

독천, 장흥 일대를 돌아다니며 잡화상을 하셨다. 평소 농사를 짓던 어머니도 설날 대목이 되면 큰형님의 장사를 도왔다. 작은형과 나도 따라나섰지만, 불과 중학생밖에 되지 않았던 나는 실수가 잦았다. 손님이 다른 가게로 가 버리면 큰형님의 불호령이 떨어졌다. "그것도 하나 제대로 못 하냐?" 횃댓보 뒤에서 울음을 삼키고 있으면, "뭣을 잘했다고 울고 자빠졌냐?"하고 더 큰 호령이 날아왔다. 안 그래도 춥고 배고픈데 참 서러웠다. 장사를 따라다닐 때 유일한 위안은 영암 장터에서 먹은 호떡과 팥죽이다. 잔뜩 위축되고 주눅 들어 있던 그때의 마음을 떠올려 보면, 내가 입고 다녔던 당목 체육복의 모양새가 나의 청소년기에 대한 은유로 느껴진다.

손때 묻은 도넛

마찬가지로 중2 때의 일이다. 당시 학교에는 남학생 수가 조금 더 많았다. 학급 네 개 중에 1, 2반은 남학생이고 4반은 여학생인데, 우리 3반만 남녀공학이었다. 이때는 여학생들이 훨씬 조숙하고 실력도 앞섰다. 나는 공부를 잘해서 우등상도 받는 학생이었다. 하지만, 여학생들 앞에서 발표라도 하게 되면 수줍어서 많이 떨었다.

그날, 나는 주번이었다. 빨리 교실 문을 잠그고 집에 가야 하는데 우리 반 여학생들이 4반과 합반으로 가정 수업을 하느라 오지 않았다. 불만스럽게 앉아 기다리니

244 / 245

© 이나현

얼마 후 여학생들이 웃고 떠들며 들어왔다. 그런데 한 친구가 내 책상 위에 봉지 하나를 두고 가는 게 아닌가. 차마 바로 열어 보지 못하고 슬그머니 가방에 넣어 두었다. 여학생들이 다 나갈 때까지 기다렸다가 열어 보니 도넛이었다. 가정 수업 때 요리 실습을 한 모양이었다. 달콤하고 고소한 냄새가 콧속에 가득 차더니 입안에 군침이 돌았다. 하굣길이 꿈길 같았다. 무슨 대단한 선물이라도 받은 양 가슴이 쿵쾅거렸다.

집에 도착하고 나서도 도넛에는 온기가 남아 있었다. 그 여학생의 모습이 아른거렸다. 너무 소중해서 먹어 볼 수 없었다. 책상 맨 아래 서랍에 넣어 두고 날마다 꺼내 보기만 했다. 그러기를 한 달. 온기도 향기도 사라지고 손때가 묻을 때까지 오래도록 간직했다. 지금도 도넛을 먹을 때면 그때 일이 생각난다. 작은 선물 하나에도 온 마음을 쓰던 사춘기였다. 손때 묻은 도넛은 아직도 내 마음속에 고소한 향기를 풍기고 있다.

되찾은 절반의 양심

중3 때, 우리 반에서 도난 사건이 발생했다. 저축부장이 책상 서랍 속에 넣어둔 저금들이 사라졌다. 담임선생님은 종이 한 장씩을 나눠 주고, 누가 훔친 것 같은지 써내라고 했다. 내 이름이 가장 많이 나왔다. 내가 저축부장의 짝꿍이었기 때문이다. 담임선생님은 나를 교무실로 데리고 가더니 자수를 종용하셨다. 억울했다. 저축부장 옆자리라는 이유만으로 도둑 취급을 받다니. 저축부장과는 평소 주일학교도 함께 다니는 사이여서, 나는 그를 가장 친한 친구라고 생각하고 있었다. 그런데 저축부장은 나를 일체 변호해 주지 않았다. 가장 친한 친구마저 나를 믿어 주지 않는다는 생각이 들자 전처럼 가깝게 지낼 수 없었다. 졸업 후 삼십여 년 만에 다른 친구들과 만날 기회가 있어서 그때 일을 이야기할까 했으나 결국 하지 못했다. 지금도 그 사건을 떠올리면 마음이 아프다. 도둑으로 몰린 것보다 가장 친한 친구를 잃어버렸다는 사실에 가슴 한구석이 허전하다. 언젠가는 꼭 이야기하리라. 나는 돈을 훔치지 않았다고. 오래전 일이지만 신뢰를 회복하고 싶다.

세월이 흘러 내가 교사가 되었을 때, 우리 반에서 비슷한 사건이 발생했다. 사물함에 넣어둔 지갑 하나가 없어진 것이다. 처음엔 좋은 말로 설득했다. 무슨 사정이 있어 친구 지갑을 가져갔는지 모르겠지만 자진하여 되돌려 주면 없던 일로 하겠다고 했다. 그러나 시간이 지나도 범인은 나오지 않았다. 누구인지 짐작은 갔지만 확실한 물증이 없었다. 나도 점점 화가 났지만, 순간 과거의 내 모습이 떠올랐다. 심증만 가지고 함부로 추궁하거나 벌을 줬다가 나처럼 상처받을 수도 있는 일이었다. 결국 학급 임원들을 시켜 반 전체의 책가방과 사물함을 검사하는 정도로 그쳤다. 지갑은 발견되지 않았다.

다음 날 아침, 지갑을 분실한 아이의 어머니가 찾아오셨다. 아이들에게 잠깐 할 말이 있다고 하여 시간을 드렸다. 어머니는 울먹이며 하소연하셨다. "돈을 잃어버린 것보다 순수하고 착한 너희들이 친구의 물건을 훔쳤다는 사실에 더 마음 아프다. 언제든 좋으니 되돌려 달라."는 내용이었다. 그날 오후 청소 시간이었다. 화장실 청소를 하던 아이가 쓰레기통에서 주웠다며 분실되었던 지갑을 가져왔다. 비록 돈은 들어 있지 않았지만, 지갑은 무사히 주인의 손에 돌아갔다. 어머니의 진심이 효과를 발휘한 걸까? 돌아온 양심이 절반짜리에 불과해도 괜찮았다. 우리 아이들에게 희망이 있다는 생각에 그날은 하늘이 더욱 푸르러 보였다.

청년기 이야기

수석 입학

싸웠노라! 이겼노라! 돌아왔노라! 서울에 있는 작은형에게 대학 합격 소식 엽서를 띄웠다. 작은형은 항상 내게 의지할 대상이자 멘토였다. 이제껏 나를 가장 믿고 기대해 준 사람인 만큼, 작은형에게 이 기쁜 소식을 가장 먼저 알리고 싶었다.

광주상고를 다닌 나는 인문계 과목을 제대로 배우지

못해 대학 입시에 한 차례 실패했다. 학원에서 부족한 과목을 보충하여 이듬해 조선대학교 인문대학에 수석 합격했다. 사 년 특별 장학생으로 학비 전액이 무료였다. 작은형과 나를 모두 대학에 보내 줄 형편은 못 되던 차, 내 힘으로 공부할 수 있게 되어 기뻤다. 어머니도 한시름 놓으셨다. 새벽기도를 마치고 집에 돌아가는 길, 어머니는 내가 공부하고 있는 독서실을 지나며 뻐꾸기 소리를 내셨다. 뻐꾹! 뻐꾹! 뻐꾹! 그 소리가 나면 나도 창문을 열고 손을 흔들며 화답했다. 자녀들을 위해 헌신을 아끼지 않았던 어머니의 기도가 오늘의 행운을 가져왔다.

 돌아가신 아버지를 대신해 학원비를 지원해 주신 큰형님께 보답할 수 있어 감사했다. 일제 강점기 말, 만주 통화성에서 태어난 큰형님은 어릴 때 허리를 다치셔서 고생을 많이 하셨다. 그에게도 누나와 형들이 있었으나 전란 속에서 일찍 죽는 바람에 장남이 되어 가정을 이끌어 오셨다. 형님은 오일장을 돌아다니며 밑바닥에서부터 장사를 배워 자수성가하셨다. 나는 형님께 재수 학원비를 비롯해 경제적인 후원을 많이 받았다. 나보다 열두 살이나 많다 보니 내게는 언제나 아버지 같은 존재다.

 몇 년 전에 큰형님께서 비닐에 쌓인 신문지 한 조각을 주셨다. 무엇인지 살펴보니 내가 대학에 합격한 기사였다. 사십 년이 넘었는데 아직 지니고 계셨단 말인가? 큰형님은 주변에 늘 동생들 자랑을 하셨다. 바로 아래 동생은

서울대생이고, 막내인 나는 조선대를 수석으로 입학했다고. 자신이 꿈을 동생들로 이룬 것처럼 자랑스러워하셨다.

　재수 시절, 나는 수많은 절망과 좌절을 겪었다. 그야말로 스스로와의 싸움이었다. 독서실 책상 앞에 '와신상담(臥薪嘗膽)', '백절불굴(百折不屈)'을 써서 붙여놓고, 주변의 따가운 시선과 젊은 날의 욕정, 외로움을 참아내야 했다. 한번은 도무지 집중이 안 돼서 고3 때의 담임선생님을 찾아갔다. 나는 들고 간 '정신봉(情神棒)'으로 내 나이만큼 때려 달라고 부탁드렸다. 선생님께서 매를 때리신 후 말씀하셨다. "너는 나보다 나을 것이다." 이 구절은 가슴에 남아 오늘의 나를 있게 했다. 나는 재수 시절을 통해 '하면 된다.'는 자신감을 되찾았다.

　2019년 12월, 광주상고 25회 3학년 2반 첫 반창회를 가졌다. 사십 년 만에 뵙게 된 담임선생님은 매우 연로하셨다. 선생님은 친구들 앞에서 내가 정신봉을 들고 당신을 찾아왔던 이야기를 하셨다. 그때 일을 기억하시다니 가슴이 뭉클했다. 늦게나마 곡진하게 감사 인사 올릴 겸 시를 써서 드렸다.

　"무등의 높은 정기 계림에 솟아 … 면도날같이 예리하신 지성 / 범접할 수 없는 권위만큼 … 철부지들 회갑 넘겨 / 걸어온 날들을 반추하며 … 오늘 이렇게 인사 올립니다. … 추상같은 위엄으로 / 우리의 영원한 표상이어라."

오악당(五惡黨)

1977년은 내 인생의 봄이었다. 겨우내 움츠렸던 매화나무가 봄을 맞아 일제히 꽃망울을 터트리는 것처럼 재수 시절 억압돼 있었던 욕구가 활화산처럼 폭발했다. 대학을 청춘과 낭만의 장으로 여긴 나는 과 모임, 선후배 모임, 서클 등 다양한 활동에 참여하면서 날마다 축제를 벌였다. 특별한 모임이 없는 날에는 친구들과 아지트에 모여 우리는 인생과 사랑, 문학을 논했다. 다섯 명이 함께 어울려 다니다 보니, 다른 친구들이 우리를 '오악당'이라고 불렀다. 우리는 독수리 오 형제처럼 캠퍼스를 누비고 다녔다.

나는 수석 입학자라는 명분으로 국문학과 대표가 되었고, 교련 수업 때는 연대장 역할을 맡았다. 수업 전후에 인원을 보고하고 교관에게 대표로 인사하는 임무였다. 이 시기에 다른 학과 친구들도 많이 사귀게 되었다.

한 번은 친구의 입대를 앞두고 위로의 자리를 마련했다. 술잔이 오고 가며 분위기가 달아올라 최백호의 '입영 전야'를 목청껏 불렀다. "아쉬운 밤 흐뭇한 밤 뽀얀 담배 연기 … 정든 우리 헤어져도 다시 만날 그날까지 … 내 나라 위해 떠나는 몸, 뜨거운 피는 가슴에. 자, 우리의 젊음을 위하여 잔을 들어라!" 술자리는 2차로 이어졌지만 어느새 통근 금지 시간이 가까워져 있었다. 가게 주인도 문을 닫아야 했다. 거리로 나온 우리는 '선구자', '비목', '사의 찬가'를 부르며 충장로 거리를 활보했다. 저 멀리 충장로 파출소에서 경찰들이 통금을 단속하고 있었다. 우리는 잠시 멈칫했지만, 의기투합하여 그냥 지나가기로 했다. 그런데 그곳에는 헌병대도 있었다. '호루룩-' 호각 소리와 함께 우리 일행은 헌병대의 백차에 실려 광주경찰서 유치장에 갇히게 되었다.

유치장은 휑하니 넓은 공간으로 시멘트 바닥이었다. 먼저 들어온 사람 몇 명이 여기저기 쭈그리고 앉아 있었다. 우리도 벽에 기대고 앉아 있는데, 추운 겨울이라 엉덩이가 시려 왔다. 얼마 뒤에는 소변이 마려웠다. 주변을 둘러보니 한쪽에 문도 없이 네모난 구멍만 하나 뚫려 있는 곳이 있다. 구멍 주변에 소변이 튀어 있어서 그곳이 변소라는 걸 알았다. 나는 양말이 젖지 않도록 한 걸음 물러나서 볼일을 보았다.

자리로 돌아와서 잠을 청해 보았지만 정신이 말똥말똥했다. 여러 가지 생각들이 스쳐 지나갔다. 젊음이 이런 것인가? 토하면서까지, 유치장에 잡혀 오면서까지 술을 마셔야 하는가? 송창식의 '고래사냥'이 떠올랐다. "술 마시고 노래하고 춤을 춰 봐도 가슴에는 하나 가득 슬픔뿐이네. 무엇을 할 것인가 둘러보아도 보이는 건 모두가 돌아앉았네."

술 마시고 노래하고 춤추면, 기쁘고 행복하고 자유로워질 줄 알았다. 그러나 가슴에는 하나 가득 슬픔뿐이었다. 모태 신앙과 선한 양심을 자부와 긍지로 생각했으나 그마저 대학생활 이 년 만에 통째로 날려버린 것 같았다. 뭔가 변화의 계기를 마련해야 했다. 그렇게 입대에 대한 마음을 굳혔다. 인생의 새로운 방향을 세워 보리라 다짐했다.

희망 청소년 야학

1968년, 정영식 교장은 재건국민운동 중앙회에 희망학교를 '재건학교(재건 국민운동 시기에 설립된 사립 교육 기관의 일종)'로 등록했다. 1973년, 화순군 능주면 백암리 670번지의 1,500여 평을 부지로 교실(네 칸), 교무실(15평형), 기숙사(30평형 1동), 운동장(1,200평)으로 교육환경을 마련하여 첫 입학식을 열었다. 그리고 1976년 2대 교장으로 취임한 정영관 선생에 의해 학교명이 '희망새마을청소년학교'로 개칭되었다.

1979년, 나는 2학년을 마치고 군 입대를 위해 휴학계를 제출했다. 그리고 입대하기 전까지 세 친구와 함께 희망새마을청소년학교의 기숙사에서 지내며 야학을 지도했다. 낮에는 수출용 목걸이를 땜질하거나 텃밭을 일궜다. 재래식 변소에서 분뇨를 퍼서 거름으로 쓰기도 했다. 밤에는 중학교 과정을 지도했는데, 스무 명 정도 되는 남녀 청소년이 초롱초롱하게 눈을 빛내고 귀를 쫑긋 세워 공부했다. 그들을 보면 심훈의 소설 『상록수』에 나오는

인물 '영신'이가 떠올랐다. 우리 넷은 다짐했다. 장차 교사가 된다면, 평생 섬마을 선생으로 살자고.

입대 날이 가까워져 학교를 떠나는 날, 아이들의 교문 앞까지 나와 전송해 주었다. 백암리에서 화순읍까지 철길을 따라 걸어가는데 하늘 높이 솟아 있는 메타세쿼이아 나무들이 장차 자라날 아이들처럼 푸르름을 더하고 있었다. 비록 섬마을 학교에서 일하자는 약속은 지키지 못했지만, 이후 한 명은 서울에서 대학교수가 되었고 나를 포함한 셋은 중고등 교사가 되었다.

공직 생활

국가에 바친 총명(聰明)

1979년 5월 24일, 나는 국가의 부름을 받고 논산훈련소 육군 제6193부대에 전속되었다. 당시 대학생들 사이에 전투경찰이 인기가 있어서, 나도 친구들과 함께 전투경찰 57기로 전입했다. 빡빡머리 청년들이 개미 떼처럼 모여들었다. 빨간 모자를 쓴 교관의 불호령이 떨어졌다. "앉아!" "일어서!" "뒤로 취침!" "좌로 굴러!" "우로 굴러!" "너희들은 이제부터 장정(壯丁)이다. 계급장도 없고 인격도 없는 훈련병일 뿐이다." 동작이 굼뜨면 가차 없는 조교들의 군홧발이 날아왔다. 대학의 낭만은 멀리 사라져 버리고,

삼엄한 군인들의 호령만이 논산 벌을 뒤흔들었다. 각개전투 때는 흙먼지를 뒤집어쓰며 낮은 포복, 높은 포복으로 철조망과 진흙탕을 통과했다. 36℃를 오르내리는 불볕에 땀과 흙이 뒤범벅되고, 수통의 물이 바닥나면 논가에 흐르는 물을 마시기도 했다. 피가 터지는 'PT체조', 긴장을 늦출 수 없는 사격 훈련, 완전 군장을 한 채로 진행되는 20㎞ 행군, 공수 낙하 훈련, 눈코 뜰 수 없는 화생방 훈련 등 갖가지 훈련을 받았다.

 이 중에서 가장 강렬했던 경험은 사격이다. 복무 중에 접했던 화기는 M1 개런드, M1 카빈, M16 그리고 LMG 기관총이다. 2인 1조로 LMG 기관총을 사격할 때였다. 나는 조수로서 기관총을 붙잡고 떨어지는 탄피를 주워야 했다. 사격 신호와 함께 연발 사격이 시작되자 드르륵- 하는 소리와 함께 귓속이 띵- 울렸다. 교관의 마이크 소리가 아득히 먼 곳에서 들리는 듯했다. 사격 훈련 때면 으레 경험하는 일이었다. 다른 훈련병들은 곧 귀가 뚫려 정상적인 상태로 돌아왔다. 그러나 내 귀에서는 웅- 웅- 소리가 계속되었다. 며칠이 지나도 소리가 맑게 들리지 않았다. 요즘 같으면 육군병원에 입원하여 치료를 받을 수 있을 것이다. 그러나 당시의 군대는 그런 분위기가 아니었다. 아프다고 말해 봤자 군기가 빠졌다며 더 엄한 훈련을 내릴 게 뻔했다. 나는 그게 두려워 끝까지 치료를 받지 않았다.

제대 후에도 이명은 계속되었다. 초기에는 소음과 통증에 잠을 이루지 못할 정도였다. 신경도 쉽게 예민해졌다. 지금도 비행기를 타면 기압 조절이 되지 않아 귓속이 심하게 아플 때가 있다. TV를 시청하다가 특정 음역의 소리를 잘 듣지 못해 아내에게 몇 차례씩 묻기도 한다. 최근에는 이석증으로 어지럼증을 겪기도 했다. 전역한 지 사십일 년이 지났는데, 지금 이 순간에도 귓속에서 매미 두 마리가 열심히 울어 대고 있다. 이비인후과에서도 별다른 방도가 없다고 했다. 이제 와서 국가에 손해 배상을 청구할 수도 없고, 신세를 한탄할 수도 없다. 성경에 '피 흘림이 없이는 사함이 없다(히 9:22)'는 말씀이 있다. 국가를 위해 나의 청춘과 총명(聰明)을 바쳤다고 생각하는 수밖에 없다.

교사 초년생

1984년 3월, 나는 영산포상업고등학교에서 교직 생활을 시작했다. 어지간하면 빨리 취업할 수 있었던 그때도 광주 시내에 있는 학교에 바로 취직하기는 어려웠다. 그래서 전남 지역에서 경력을 쌓고 광주 소재의 학교로 이직하는 경우가 많았다. 특히 영산포상고는 많은 선생님이 광주로 가기 전에 거치는 관문으로 유명했다.

나는 이력서를 써서 영산포상고 교장 선생님을 찾아갔다.
"귀교에서 저를 채용해 주시면 열심히 근무하겠습니다."

패기에 찬 포부를 말씀드렸더니 좋게 보고 채용해 주셨다. 그때 영산포상고는 여덟 개 학급으로, 취업 반이 다섯 개, 인문 반이 세 개였다. 취업 반의 취업률이 높았고, 인문 반에서도 육군사관학교에 합격하는 학생들이 나왔다.

영산포상고의 학생들은 형편이 안 돼 광주에 진학하지 못한 경우가 많았다. 한 해가 지나면 한 학급이 사라지기도 했다. 학교를 더 다닐 여건이 안 되는 등 여러 이유로 중간에 자퇴하는 아이들이 많았기 때문이다. 그래서 2학기에는 학생을 모집하기 위해 교사들이 직접 동분서주했다.

학기 초에는 자전거로 가정방문을 돌았다. 나산, 다시, 금천, 산포, 봉황, 세지, 왕곡, 공산, 반남 등 지역이 아주 넓었다. 이 마을에서 저 마을로 산길을 넘어가야 할 때는 여간 힘든 게 아니었다. 땀을 뻘뻘 흘리며 도착해도 막상 학부모님을 만나기가 어려웠다. 생업을 위해 일터로 나가셨기 때문이다. 학부모님을 찾느라 논밭을 헤맨 적도 있었다.

'촌지'라는 개념 자체도 없던 때였다. 선생님이 찾아왔다고, 살림이 좀 넉넉한 집은 맥주를 한 잔 따라 주시기도 했지만 일반적으로는 날달걀을 두어 개 내놓으셨다. 이빨로 톡 깨서 쪼르륵 마시기도 했지만 그것도 한두 알이지, 가는 집마다 주시면 여간 힘든 것이 아니었다. "선상님, 제 아들이 부족한데 잘 좀 가르쳐 주십시오." "예, 염려 마십시오. 잘 지도하겠습니다." 순박한 부모님들의 부탁을 듣고 있으면 짠한 마음이 들어 '형님 스피릿'이 발동하기도 했다. 무엇이든 믿고 맡길 수 있는 듬직한 형님 같은 존재가 되고 싶었다는 뜻이다.

나는 교사 초년생으로서 아이들을 열정적으로 가르쳤다. 학습 지도보다 생활 지도에 더 많은 시간을 할애했다. 아이들에게 조금이라도 보탬이 되고자 점심시간을 이용해 기도 모임을 갖기도 했다. 학생 열 명과 모여 성경을 읽고, 찬송하고, 기도했다. 이때의 제자들이 삼십팔 년이 지난 지금까지도 스승의 날이 되면 문안 인사를 보낸다. 그 아이들과 함께한 한 해를 생각하면 보람차지만, 끝까지 가르치지 못한 아이들을 생각하면 아쉬움도 남는다.

영산도는 흑산도에서 잡아 온 홍어를 철도로 전국에 공급하던 홍어 1번지이기도 하다. 영산강변에 유채꽃이 필 때는 홍어 축제도 열린다. 몇 년 전에 영산포를 방문한 적이 있었는데, 제자가 운영하는 '영산포 홍어'에 들러 제대로 된 홍어 정식을 대접받았다. 영산포 상인회 회장을 맡기도 하고, 홍어 요리와 관련된 특허를 소유하고 있어 여러 방송에 출연할 정도로 번창한 식당이었다. 제자 덕분에 즐거운 추억이 또 하나 생긴 것이다. 더불어 영산포에서 보낸 교사 초년생 시절도 새록새록 떠올랐다.

김홍기

실력 제일주의

1986년에는 광주의 사립학교로 전임했다. 당시 광주에 있는 학교에서 일하려면 몇백만 원씩 돈을 써야 했다. 그러나 그 학교의 설립자께서는 지원자에게 돈을 요구하지 않았다. 서류 심사와 공개 수업만을 지표 삼아 공정하게 교사를 채용했다. 영산포와는 다른 학교였다. 학생들의 자질이 우수했고, 학부모들 역시 교육열이 대단했다. 그러나 개교 첫해까지만 해도 학교 앞의 도로가 포장되어 있지 않았다. 눈이 녹아 흙탕길이었고, 학교 조경도 아직은 부족했다. 입학식에 온 학부모들이 그 모습을 보고 항의했다. "준비도 제대로 안 되어 있는 학교가 왜 학생들을 받나요? 이런 상태에서 어떻게 수업이 제대로 이루어지겠어요?" 교사들이 나서서 설득했다. "어머님, 아버님! 염려 마십시오. 저희가 성심성의껏 지도하겠습니다."

그 약속은 틀리지 않았다. 교사들은 열정적이었고 그 결과 학생들의 모의고사 점수는 전국 최고 수준에 이르렀다. 수년 동안 전국 수석을 배출했고, 소위 'SKY' 대학에도 다수의 학생을 합격시켰다. 일약 명문 사학으로 전국에 이름을 날리게 되었다. 이 정도로 성과를 내니 재단에서도 교사들에게 대우를 잘해 주었다. 이사장께서는 이런 말도 하셨다. "선생님들은 연탄 걱정하지 마시고 열심히 근무해 주세요. 그리고 학생들에게 죄를 짓지

김홍기

실력 제일주의(학급사진)

마세요." 단순하지만 진심이 담긴 말이었다. 교사들은 청춘을 바쳐 학생들을 지도했고 이를 큰 기쁨이요, 보람으로 생각했다.

본교의 목표는 '실력 제일주의'였다. 덕분에 광주 시내에서는 물론 전국적으로 최고의 성적을 자랑했다. 학생들의 기합 소리, 교사들의 강의 소리가 넓은 벌에 울려 퍼졌다. 학교의 기강이 건너편에 있는 군부대에 못지않을 정도였다. 교사들 스스로도 본교를 ○○사단이라고 부를 정도였다. 우리는 본교에 근무하는 것을 자랑스럽게 생각했고, 재단의 아낌없는 지원에 감사했다. 교사로서 보람 있고, 자부심이 넘치던 시절이었다.

퇴임 압박

2012년, 같은 학교에서 중3 담임을 할 때의 일이다. 평준화 지역 내에서 인문계 고등학교에 원서를 쓸 때는 학군별로 다섯 곳까지만 지원할 수 있지만, 특목고의 경우에는 지원 횟수에 제한이 없었다. 내가 근무했던 중학교는 한 고등학교와 같은 재단 산하에 있었다. 재단 측은 산하 중학교의 인재가 다른 학교로 빠져나갈 것을 우려해 상위 50등 이내의 학생들을 필수적으로 산하 고등학교에 지원시키라고 지시했다.

그런데 우리 반의 반장 아이가 외국어고등학교를 가겠다고 했다. 상위 50등에 들었기 때문에 지침에 따라 산하 고등학교에 지원하도록 권유했지만 학생과 부모 모두 태도가 완강했다. 선택을 존중하고자 외고 원서를 작성하여 교장실로 갔다. 하지만 교장은 도장을 찍어 주지 않았다. 오히려 담임으로서 능력이 없느니, 벌써 촉기가 떨어졌다느니 하며, 이제 그만둘 때가 되었다고 은근히 퇴임 이야기를 꺼냈다. 학생의 자율권을 인정하고 지원해 주는 것이 바른 진학 지도가 아니냐며 거듭 항변했더니 압박은 더욱 거세졌다. 교장은 인사권을 쥐고 있는 행정실장까지 불러와서 협공했다. 고성이 오가고 주먹이 날아가기 직전이었다. 행정실장은 3학년 담임들을 소집해서 전방위적인 여론몰이를 했다.

김홍기

   생존이 걸린 긴박한 상황이었다. 백척간두에 기분이었다. 싸울 것인가 물러날 것인가? 중대 결정을 해야 할 순간이었다. 지난 이십팔 년간 학생 지도를 최고의 보람으로 생각해 왔는데, 인제 와서 비굴하게 무릎을 꿇어야 하는가? 아니면 혈혈단신 피를 토하는 심정으로 골리앗에 도전할 것인가? 학생들의 진정한 발전과 학교가 지역 사회에 미치는 영향을 고려한다면 누군가는 학교의 잘못된 관행에 문제를 제기해야 한다고 생각했다. 그래서 나는 선구자적인 자세로 재단의 비리에 도전하기로 결단했다. 학교를 그만둘 각오까지 되어 있었다.

   이 학교 설립자의 경영이념은 '학생들에게 죄를 짓지 말라.' '연탄은 걱정하지 마라.'는 것이었다. 그런데 경영자가 바뀌면서 이런 정신이 변했다. 나는 학생들에게 죄를 짓고 있는 이가 과연 누구냐고 따졌고, 연탄 걱정 말라는 약속은 어디로 갔느냐며 항변했다. 재단이 개인적인 친분 때문에 자신들이 정한 진학 지도 자체 방침을 어긴 사례도 지적했다.

또다시 이사장실에 불려 가서 퇴임 압박을 받았다. 나는 사립학교법 제56조와 제60조에 따라서 본인의 의사에 반한 면직이나 명예퇴직은 권고를 할 수 없음을 들어 반박했다. 외고 진학을 희망했던 학부모도 언론에 고발하고 법적 투쟁을 불사하겠다고 나섰다. 일이 커지자 재단은 한발 물러났다. 학생의 의사를 존중해 원서를 쓰는 선에서 타협했다. 내게도 더는 퇴임을 강요하지 않았고, 나도 초심으로 돌아가 근무에 충실하기로 했다. 이사장과 같은 신앙을 가졌다는 걸 알게 된 후로는 관계도 나아졌다. 싸울 때는 원수 같았지만, 화해한 뒤로 차츰 형제 같은 사이가 되었다. 사건 이후로 진학 지도 환경이 눈에 띄게 개선되자 동료 교사들은 나를 투사라고 놀리기도 했다.

그 후로 나는 사 년을 더 근무하고 2016년 8월 말에 명예퇴직했다. 재단에서 성대하게 퇴임식을 열어 주었고, 동료 직원들의 축하도 받았다. 나는 퇴임식에서 말했다. "제 인생을 삼십 년씩 크게 삼등분해 봅니다. 첫 번째 삼십 년은 배우는 시간이었고, 두 번째 삼십 년은 공직자로서 사회에 봉사하는 시간이었습니다. 퇴임 후 세 번째 삼십 년은 내가 진짜 하고 싶은 일을 하는 시간으로 정해 두었습니다. 이제 그 길을 가려고 합니다."

말 그대로 나는 앞으로 남은 삼십 년을 잘 살아 보려고 삼 년 육 개월 일찍 퇴임했다. 결정까지 고민이 많았지만 새로운 인생을 위해 과감히 투자하기로 했다. 퇴임 후 그동안 미뤄 온 박사 학위 논문을 완성하는 데 전념했고, 육 개월 만에 마무리했다.

교육을 가리켜 '백년지대계(百年之大計)'라 하고, 육영(育英)사업이라고도 한다. 먼 장래를 바라보고 영재를 육성하는 일이기 때문이다. 재단의 사익을 위해 학생과 교사를 볼모로 삼는 것은 바람직하지 못하다. 나의 젊음을 바쳐 삼십 년간 근무했던 학교가 앞으로도 발전을 거듭해 지역 사회의 건전한 명문 사학이 되기를 바란다. 재단 측은 학생들의 개성과 능력을 존중하고, 학생들은 자율성과 창의성을 마음껏 발휘하기를. 그리하여 영국의 해로우 스쿨, 미국의 하버드대, 일본의 와세다대, 한국의 연세대와 고려대처럼 성장해 가기를.

신앙생활 이야기

결혼, 팔라리스의 청동 황소(Bronze bull of Phalaris)
팔라리스의 청동 황소는 기원전 6세기 시칠리아의

악독한 참주(僭主) 팔라리스가 아테네의 조각가 페릴라우스에게 만들게 한 사형 도구다. 청동으로 만든 황소 안에 죄수를 집어넣고, 장작불을 피워 천천히 타 죽게 했다. 황소의 코에는 음향 기구를 설치해 죄수가 비명을 지르면, 밖에서는 '음매'하고 우는 소리로 들렸다. 아이러니하게도 첫 번째 희생자는 이걸 만든 페릴라우스였고, 이를 만들게 한 팔라리스도 청동 황소로 죽임을 당했다고 한다.

    덴마크의 실존주의 철학자 키르케고르는 시인을 청동 황소 안에 들어간 죄수에 비유했다. 아름다운 시구 이면에는 시인이 몸과 영혼을 마른 수건처럼 짜낸 비명이 존재한다는 것이다. 나의 결혼 과정을 이 팔라리스의 청동 황소에 견주면 너무 지나칠까?

    얼마나 충격이었는지, 지금도 날짜와 요일까지 기억한다. 1984년 8월 26일 일요일, 창세기성경학교 마지막 날이었다. 나는 '아담아, 네가 어디 있느냐?(창 3:9)'는 말씀에 은혜받아서 '믿음의 결혼'을 하겠다는 소감을 썼다. 한 선배 목자가 책임 목자에게 내 소감이 은혜롭다고 전했다. 그 말을 들은 책임 목자는 부엌에서 설거지하고 있던 자매 목자를 데려오더니 즉석에서 나와 약혼시켰다. 선배 목자들은 케이크를 사 와 축하하고 기념사진을 찍을 테니 활짝 웃으라고 했다. 나는 영화 <25시> 마지막 장면의 안소니 퀸처럼 억지로 웃어 보였다. 결혼은 인륜대사라고 하는데, 번갯불에 콩 볶듯 진행돼 버리니 어안이 벙벙했다.
믿음의 결혼을 하겠다고 마음은 먹었으나 지금 당장
하겠다는 건 아니었다. 선배 목자들은 나의 소감을 문자
그대로만 해석해 버린 것이다. 그 너머의 내면까지는
헤아리지 못했다.

   그날 밤 숙직을 서기 위해 버스를 타고 영산포로
내려가는데, 망치로 뒤통수를 얻어맞은 것 같았다. '내게
무슨 일이 일어난 것인가?' 버스라도 뒤집혀 주길 바랐다.
그렇게라도 무르고 싶었다. 수업하다가도 머릿속이 하얘져
멍하니 창밖만 바라보았다.

   선배 목자들이 나를 서둘러 결혼시키려 했던 배경에는
세 가지 이유가 있었다. 첫째, 우리 선교회에는 독특한
결혼 문화가 있었다. 세계 캠퍼스 선교라는 특수 사명을
감당하기 위해 부부가 같은 신앙과 선교 비전을 갖는 것은
중요한 문제였다. 이를 위해 교회 안에서 조건이 맞는
남녀를 짝지어 주는 것이 앞서 언급한 '믿음 결혼'이다. 당시
나는 미국 메릴랜드의 도계공(식용을 목적으로 닭을 잡는
기술자) 선교사로 나갈 준비를 하고 있었다. 나의 배우자가
될 사람도 미국에 봉제공(재봉틀로 바느질하여 의류나
완구 따위의 제품을 만드는 기술자) 선교사로 나갈 준비를
하고 있었기 때문에 선배 목자들은 우리가 서로 결혼하기에
딱 맞는 처지라고 판단한 것이다. 두 번째 이유는 이렇게,
선교사로 출국하려거든 기혼 상태여야 한다는 사실에서

비롯되었다. 마지막 이유는 당시 우리나라에 만연했던 상명하복 문화 때문이었다. 군부 독재 정권 시절이었기 때문에 선교 현장도 그 영향을 받아 꽤 엄격한 분위기였다. 때문에, 성급했을지라도 내 결혼에는 당위성과 필요성이 있었다. 그러나 나의 내면에서 일어나는 강한 거부감은 어쩔 수 없는 문제였다. 막연하게나마 마음 맞는 사람과 아기자기하게 살고 싶다고 바라왔는데, 나의 소망은 처참하게 깨져 버렸다.

  열흘 남짓한 시간 동안 멘탈 붕괴 상태로 지냈다. 결단을 내려야 했다. 그때 책장에 꽂혀 있는 책이 눈에 들어왔다. 『절대절망 절대희망』. 당시 나의 심리 상태는 절대 절망이었으므로 절대 희망이 필요했다. 그 책을 챙겨 나와 출근 버스에서 읽어 내려갔다. "네 시작은 미약하였으나 네 나중은 심히 창대하리라.(욥 8:7)" 책에 삽입된 성경 말씀이 눈에 확 들어왔다. '이것이다. 지금의 나는 지극히 미약하고 가진 것도 하나도 없다. 그러나 내 미래는 심히 창대할 것이다. 희망을 갖자!' 나는 학교에 도착하자마자 약혼자에게 전화를 걸어 결혼할 터이니 준비하라고 했다. 그해 9월 22일 토요일, 식을 올렸다. 내 나이 스물아홉, 약혼한 지 이십칠 일 만이었다.

  결혼 과정은 내 인생에서 가장 뜨거운 연단이었다. 불 시험이었고 광야 훈련이었다. 언젠가 우연히 '팔라리스의 청동 황소' 이야기를 읽게 되었을 때 곧바로 나의 결혼

이야기가 투영될 정도였다. 이제는 '죽은 개와 같은 나를(삼하 9:8)' 훈련해 주신 하나님과 선배 목자들께 감사하고 있다.

　나의 아내는 매우 수용적이며 성경 속 인물 리브가처럼 신실한 믿음을 가진 여인이다. 항상 가정에 헌신하며, 교회와 이웃에게 넉넉히 베푼다. 그리스도의 향기를 드러내는 룻처럼 '현숙한 여인(룻 3:11)'이다. 아내는 나의 허물과 실수를 다 감당하고 그 시름을 기도로 이겨 냈다. 결혼 38주년을 앞두고 부족한 나를 지금까지 용납해 준 아내에게 위로와 감사, 사랑을 전한다. 약혼부터 결혼 생활까지 우여곡절이 많았지만, '하나님을 사랑하는 자 곧 그의 뜻대로 부르심을 입은 자들에게는 모든 것이 합력하여 선을 이루(롬 8:28)'는 법이다. 당시에는 이해할 수 없고 받아들이기도 힘들었던 일들도 지나고 보니 모두 연단의 과정이었다. '도가니는 은을, 풀무는 금을 연단하거니와 여호와는 마음을 연단하시느니라.(잠 17:3)'는 말씀처럼, 나는 여호와의 청동 황소 안에서 욕심을 죽이고 영적으로 다시 태어나는 과정을 거쳤다. 그럼에도 나의 허물은 아직도 남아 있다. 날마다 죽는 훈련을 계속하는 건 나뿐만이 아닐 것이다.

　우리는 슬하에 일남 일녀를 두었다. 아들은 나보다 더 파격적인 믿음 결혼을 했다. 현재 독일 프랑크푸르트에서

가족사진

직장을 다니며 선교사 역을 감당하고 있다. 오백여 년 전 독일은 종교 개혁의 중심지였지만, 오늘날 현지에서 기독교는 생활문화로만 남아 있는 경향이 강해 오히려 선교의 대상이 되었다. 며느리는 아들보다 먼저 독일에 파송되어 무역 회사에 근무하며 생활 기반을 마련한 상태였다. 며느리 덕분에 아들은 선교사의 꿈을 이루고 독일 생활에도 안정적으로 정착할 수 있었다. 내 믿음만으로는 아들을 믿음 결혼시켜 선교사로 보내기 어려웠을 텐데, 아들은 스스로 다 해냈으니 나보다 한 수 위요, 효자다. 아들을 물심양면 도와준 며느리는 우리 집의 보배다. 손자 둘을 보았는데, 큰손자는 김나지움(Gymnasium, 독일의 인문계 중등 교육 기관)에 다니고 있고, 작은손자는 가을에 4학년이 된다.

   딸은 한국외대에서 영어학으로 박사 학위를 받고 글로벌캠퍼스에 출강하고 있다. 올해 3월에 결혼했는데 사위는 서울시청 7급 공무원이며, 경희문교회의 신실한 목자다. 아들과 딸을 결혼시키고 손자들도 보았으니, 부모로서 할 일은 다 했다고 생각한다. 딸이 12월 말에 출산 예정인데, 산모와 태아 모두 건강하다면 더 바랄 것이 없겠다.

청소년 선교, 십만 명 선교사 파송의 주역들

1997년 1월 12일 일요일, 나는 청소년성경읽기선교회(JBF)

창립 예배를 드렸다. 당시에는 대학부 확장을 위해 캠퍼스 선교에 전력을 쏟았다. '성서 한국'과 '세계 선교'에 몰두하다 보니, 막상 각자의 자녀들을 돌볼 겨를이 없었다. 교회 내부에서도 자녀들을 위한 신앙 교육의 필요성이 대두되었고, 현직 교사로 근무하고 있던 내가 적임자로 뽑혔다. 그렇게 책임 목자로 세움을 받게 되었다.

초창기에는 설교 자료를 구하기가 힘들어 매주 말씀을 전하는 것이 큰 고역이었다. 주말이라고 쉬거나 여가를 즐길 수도 없었다. 오히려 일주일 중 가장 바쁜 날이 되었다. 그래도 덕분에 토요모임과 주일 예배는 광주 JBF의 근간이 되었다.

토요모임은 저녁 여섯 시부터 여덟 시까지 진행된다. 첫째 주는 주일 말씀을 중심으로 소감을 나누고, 둘째 주부터 넷째 주까지는 신앙 교육, 심포지엄, 독서 토론, 상담, 친교 등 다양한 활동을 한다. 다섯째 주에는 찬양하고 기도하는 시간을 가진다. 주일에는 청소년부에서 자체적으로 예배를 드린다. 절기에 따라 부활절 행사, 추수 감사제, 세례 성찬식, 성탄절, 송년회 행사도 있다. 이런 활동을 통해 지난 이십오 년 동안 명예 회원 백이십육 명을 배출하여 대학생성경읽기선교회(UBF)로 파송했다. 현재 미국, 캐나다, 독일, 크로아티아, 호주, 우간다, 중국, 이르쿠츠크 등 세계 각국에서 선교사로 활동 중인 이들도 있다.

김홍기

청소년 선교(아프리카)

2002년부터는 전국 'JBF 여름수양회'를 개최하고 있다. JBF 산하 청소년 삼백여 명이 믿음 안에서 소통하며 우의를 다지는 행사다. 그 밖에도 찬양, 기도, 친교, 은사 발표, 선교 보고, 심포지엄 등 다양한 활동을 한다. 2041년까지 십만 명의 선교사 파송이 목표다.

나는 2005년부터 2010년까지 일본 선교역사를 지원했다. 일본인 선교사와 일본으로 파송된 한국인 선교사의 자녀 일흔여 명과 은혜로운 소감 발표, 음악 활동, 민속 활동, 천국 잔치, 영화 상영 등 다양한 프로그램을 진행했다. 과거 일본은 삼십오 년간 우리나라를 강제로 지배했다. 그러나 우리 한국 선교사들은 세계 만민을 사랑하라는 하나님의 뜻에 따라 일본 역시 선교지로 포용했다. 디아스포라(Diaspora, 팔레스타인을 떠나 세계 각지에 흩어져 살면서 유대교의 규범과 생활 관습을 유지하는 유대인을 이르는 말)처럼 살아가는 선교사 자녀들에게 모국을 소개하고 일본 선교의 중요성을 교육하는 계기가 되었다.

2008년 미국 퍼듀대학교에서 실시한 국제 수양회도 마찬가지로 자녀들을 대상으로 성경 교육과 친교 활동을 했다. 미국은 우리보다 훨씬 자유롭고 개방적인 사회다. 청소년들도 자율적이며 개인주의 성향이 강하다. 그런 환경에서 자란 아이들을 교육할 때는 다른 전략이 필요하다고 느꼈다. 긴 시간을 들여 나간 게 아니었기 때문에 나 또한 명확한 해결책을 제시할 수는 없었지만, 한국 또한 미국 문화를 빠르게 흡수하고 있는 나라로서 선교 방식에 대한 지속적인 연구가 필요하다는 생각이 들었다.

2017년 4월에는 케냐 나이로비에서 아프리카 국제 수양회를 개최했다. 'Feed My Sheep!'이라는 주제로 진행된 행사였다. 이백십오 명이 참석했다. 나는 선교사 자녀 서른일곱 명(케냐 서른 명, 우간다 일곱 명)을 대상으로 C(child)BF·JBF 수양회를 섬겼다. 우리나라에도 케냐처럼 가난과 질병, 미신이 팽배한 시절이 있었다. 그러나 하나님의 은혜 덕분에 선진국이 되었고, 아프리카에 그리스도의 복음을 전할 수 있을 정도로 성장했다. 까만 피부에 새하얀 흰자를 지닌 아이들의 웃음을 보니, 아프리카도 머지않아 봄을 맞이할 듯했다.

한 나라의 미래를 알려면 그 나라의 청소년을 보라는 말이 있다. 나라마다 상황이나 조건은 조금씩 다르지만, 성장 과정에서 겪는 고뇌와 갈등은 서로 비슷한 점이 많다. 이들에게 복음은 절대적인 도움이 될 수 있다. 영국의 전도자 톰 리즈는 모든 영국 그리스도인 가운데 75%가 열네 살 이전에 그리스도 구주를 영접했다고 보고했다. 미국에서도 비슷한 시기에 회심한 사람이 85%로 보고되었다. 이처럼 청소년기는 복음을 영접할 수 있는 절호의 시기요, 황금 어장이다.

일찍이 선지자 요엘이 예언했다. '하나님이 말씀하시기를 말세에 내가 내 영을 모든 육체에 부어 주리니 너희의 자녀들은 예언할 것이요, 너희의 젊은이들은 환상을 보고 너희의 늙은이들은 꿈을 꾸리라.(행 2:17)' 나는 그날이 올 때까지 하나님께서 주신 복음의 사명을 감당하고자 한다.

상담 활동, 상한 갈대와 꺼져가는 심지

나는 교직에 있으면서 2004년부터 신학 공부를 시작했다. 신학대학원에서 석사(M. Div)를 취득해 2009년 목사 안수를 받고, 2017년 일반대학원에서 목회 상담학으로 철학 박사(Ph. D.)를 땄다. 현재 이를 기반으로 광신대학교와 광주바이블칼리지에서 외래 교수로 출강하고 있다. 한국전인상담협회, (사)한국상담전공대학원협회, (사)전인행복가정상담원에서 상담 전문가로도 활동 중이다.

목회학은 성경에 대한 넓은 시야와 객관적인 안목을 가져다주었고, 상담학은 인간을 이해하고 돕는 데에 큰 도움을 주었다. 나는 상담사가 되고 나서 많은 사람이 마음의 상처를 안고 살아간다는 걸 깨달았다. 한 고등학생은 친구들에게 따돌림을 당해 자퇴 후 대안학교를 다니고 있었다. 그러나 새 학교에서도 적응하지 못해서 종일 잠만 자거나 홀로 학교 주변을 배회했다. 어느 삼십

대 여성은 청소년기에 성폭행을 당해 트라우마 속에서 살고 있었다. 때로 그 기억을 감당하지 못해 정신 이상 증세까지 보였다. 한 사십 대 여성은 안정적인 직장을 포기하면서까지 선택한 결혼에 배신당했다. 이후 세 명의 남성과 교제했는데 그들에게서도 상처를 입어 극심한 우울 증세를 보였다.

　상처받은 사람들은 상한 갈대와 꺼져 가는 심지처럼 고통 속에서 살아간다. 나는 이들을 어떻게 도와야 하는가? '만군의 여호와께서 말씀하시되, 이는 힘으로 되지 아니하며 능력으로 되지 아니하고 오직 나의 영으로 되느니라.(슥 4:6)' '이처럼 성령도 우리의 연약함을 도우시나니, 우리는 마땅히 기도할 바를 알지 못하나 오직 성령이 말할 수 없는 탄식으로 우리를 위하여 친히 간구하시느니라.(롬 8:26)'

　사람의 힘이나 능력으로는 한계가 있다는 것이다. 하나님의 능력을 덧입어야 한다. 하나님께서 우리 육신의 굳은 마음을 제거하시고 새 영을 불어넣어 주실 때(겔 36:26를 변형), 마음에는 변화가 일어난다. 어둠 속에서 빛을 보게 되고, 절망 속에서 희망을 잡게 된다. '예수께서 또 말씀하여 이르시되, 나는 세상의 빛이니 나를 따르는 자는 어둠에 다니지 아니하고 생명의 빛을 얻으리라.(요 8:12)' 빛이 임하면 어둠은 자연히 물러난다.

　앞으로 내가 얼마나 더 살지는 알 수 없다. 그러나 숨이

김홍기

붙어 있는 동안에는, 상처받은 영혼을 돕는 데 지극히 미약한 힘이나마 보태고 싶다. 강도를 만난 사람들에게 선한 이웃이 되어 주고 싶다.

'나는 선한 싸움을 싸우고 나의 달려갈 길을 마치고 믿음을 지켰으니, 이제 후로는 나를 위하여 의의 면류관이 예비되었으므로 주 곧 의로우신 재판장이 그날에 내게 주실 것이며, 내게만 아니라 주의 나타나심을 사모하는 모든 자에게 도니라.(딤후 4:7~8)'

글쓰기 멘토 후기

조선대학교 문예창작학과

윤소현

광주에서 근현대의 역사를 몸소 겪은 사람의 일생은 자서전을 넘어 다음 세대에게 전해줘야 할 하나의 미래유산이 아닐까 생각합니다. 가치 있는 일에 함께 할 수 있어 기뻤습니다. 선생님, 건강하세요.

김정원

과거를 마주하는 것이 행복한 일만은 아니라는 걸 알고 있습니다. 자서전을 완성하신 선생님들께 긴 박수를 보냅니다. 다가올 계절에는 이번 여름에 내신 용기를 기억하며 건강하시길 웃으며, 염려하며 응원하겠습니다.

박진영

올해도 가슴에 남는 소중한 이름들을 알게 되어 감사합니다. 삶의 어떤 순간을 마주할 때마다 저는 그 순간과 관련된 이름을 다시금 떠올리게 될 것입니다. 그때마다 저는 웃기도 하고 조심하기도 하고, 조금은 슬픈 마음이 될지도 모릅니다. 하지만 그 순간들을 미리 살아가신 이야기들을 되새기며 용기를 얻을 수도 있을 것입니다. 여기에 누군가 있었고, 그 사람 또한 무사히 지나갔다, 그리고 그 순간을 이렇게 이야기로 남겼다, 하고 말입니다.

김연주

이토록 생생한 삶의 경험을 듣는 것만으로도 소중한 경험이었는데, 앞으로도 계속 읽을 수 있는 글로 남기는 일에 함께할 수 있어 영광이었습니다. 순탄치만은 않았던 역사 속에서 때로는 힘겨우셨겠지만, 그럼에도 불구하고 아름다웠다고 말씀드리고 싶은 생의 이야기들을 나눠주셔서 감사하다는 말씀 전하고 싶습니다.

박지훈

매주 선생님들과 대화 나눌 때마다 놀랐습니다. 저는 평소에 어르신들의 삶은 다 비슷하다고 여기며 덮어놓고 '안다'라고 생각해 왔습니다. 그렇지만 선생님들이 살아온 삶은 제가 상상할 수 없는 것이었습니다. 대화할수록, 알면 알수록 점점 더 이 사실이 명백해졌습니다.

원체 상상할 수 없었던 이야기들을 제 손으로 다시금 간명하게 '편집'하는 게 쉽지 않았습니다. 그렇지만 독자도 저와 같은 경험을 하면 좋겠다는 마음으로 최선을 다했습니다. 시간이 지나도 그 결과물이 선생님들 마음에 들었으면 좋겠습니다.

글쓰기 멘토 후기

신윤지
선생님들의 역사를 복원하는 과정에 함께할 수 있어 영광이었습니다. 이 여름을 오래 기억하겠습니다.

진태완
선생님들의 이야기를 다듬으면서 한 사람의 인생이 어떻게 드라마가 되는 지 배우고 동행할 수 있어서 정말 즐거웠습니다. 희미해진 과거의 기억을 현재로 명확하게 살려낸 선생님들의 노력과 성실함에 깊은 감명을 받았습니다. 원고를 마감하니 선생님들의 인자한 미소가 가장 먼저 떠올랐습니다. 무더운 여름 내내 미소를 잃지 않고 응원해주셔서 정말 감사합니다.

홍지형
처음에는 제가 선생님들을 도와드린다고 생각했습니다. 하지만 선생님들의 삶이 담긴 원고들을 읽고 다듬으면서, 오히려 더 많이 받은 쪽은 저일 것이라는 생각을 하게 되었습니다. 사람은 전혀 다른 삶의 궤적과 가치관을 가진 사람과 대화할 때 시야가 넓어진다고 합니다. 평소라면 절대 상상해보지도 않을 타인, 특히나 저와 세대가 다른 어르신들의 깊이에 이렇게 가까이 다가 기회가 살면서 얼마나 있을까. 저의 세계가 넓어지는 경험이었습니다.

우리 선생님들, 만날 때마다 저에게 자기는 글을 못쓴다고 푸념하듯 말하셨지만, 그렇게 정리하고 자기 삶을 돌아보는 게 쉬운 과정이 아니라는 것을 저는 이제 다 알고 있답니다. 올 여름에 선생님들을 만났던 일이 저에게는 값진 시간이고 경험이었습니다. 선생님들도 그러하시기를.

김소은

아직 겪지 않은 시간을 가까이서 자세하게 듣는 건 쉽게 할 수 없는 경험이라고 생각합니다. 저와 함께 다사다난했던 삶을 회고하신 선생님들께서 자서전 쓰기를 통해 지난날의 상처를 치유받고 여생을 희망차게 꾸려가실 힘을 조금이나마 얻으셨기를 바랍니다.

이진호

선생님들의 글이 모여 비로소 책이 되었습니다. 한 편의 글을 완성한다는 건 누구나 할 수 있는 일이 아니므로, 선생님들께서 스스로 성취해내신 것을 마음껏 자랑스러워하셨으면 좋겠습니다. 선생님들의 삶을 담아내기에 부족한 분량이지만, 이렇게나마 쓰인 글은 선생님들의 가족이나 지인뿐만 아니라 일반 독자들에게도 값진 기록이 되리라고 저는 생각합니다. 마지막으로 선생님들께 감사의 마음을 전합니다. 부족한 시간을

할애하여 과거를 회상하고, 낯선 저에게 숨김없이 기억을
공유하고, 글짝꿍들과의 면담을 위해 금요일마다 지독한 더위를
뚫고 발걸음하신 선생님들의 노고를 잊지 않겠습니다.

박사라
  2달이라는 시간 동안 선생님들의 자서전 집필을 보조하며,
다른 곳에서 접하기 어려운 생생한 민중의 기억을 보고
들었습니다. 제가 살아보지 못한 시대와 삶을 간접적으로
체험하는 귀중한 경험이었습니다. 더운 여름 끝까지 함께해주신
선생님들께 감사드립니다.

이하루
  시간이라는 폭풍 한가운데 서서 작은 답들을 찾는
시간이었습니다. 사랑으로 주저앉고 고통으로도 내달리는
인간을 보았습니다. 이 이야기들이 글쓴이의 곁에서 어깨를
두드리고 등을 쓸어주는 '사람'이 되기를 바랍니다.

글쓰기 멘토 후기

눈물은 말라도 그리움은 마르질 않아

초판1쇄 찍은 날	2022년 10월 24일
초판1쇄 펴낸 날	2022년 10월 26일
펴낸곳	광주광역시 동구
기획·집필 총괄	광주광역시 동구 인문도시정책과
주소	61466 광주광역시 동구 서남로 1
전화	062-608-2114
글·사진	김성태, 김운수, 고순희, 신중식, 김성호, 안종우, 김홍기
글쓰기 도움	신용목(총괄, 조선대 문예창작학과 교수)
	이진호, 박사라, 김정원, 진태완, 홍지형, 이하루, 신윤지, 박진영 (조선대 문예창작학과)
삽화	황중환(제작총괄, 조선대 만화애니메이션학과 교수)
	전승연, 이세현, 이유진, 김수빈, 백유신, 홍민석, 이나현 (조선대 만화애니메이션학과)
표지일러스트	김민재(조선대 만화애니메이션학과)
프로필사진	서경스튜디오(류서림)
만든곳	도서출판 심미안
주소	61489 광주광역시 동구 천변우로 487(학동) 2층
전화	062-651-6968
ISBN	978-89-6381-400-1 04810
	978-89-6381-397-4 (세트)

- 책값은 뒤표지에 있습니다.
- 이 책에 실린 글과 이미지는 저자와 출판사의 동의 없이 사용할 수 없습니다.
- 이 책은 2022 동구 어르신 생애출판사업 "흔들리며 피었어도 돌아보니 꽃이었고"와 연계하여 제작되었습니다.

© 김성태 김운수 고순희 신중식 김성호 안종우 김홍기, 2022